U0847955

电子竞技运动与管理专业系列教材

电子竞技导论

◎ 赵佳　主编

朱沁沁　赵文蕾　副主编

周凌翔　主审

同济大学出版社
TONGJI UNIVERSITY PRESS
·上海·

内 容 简 介

随着电子竞技行业的高速发展，行业对于电子竞技专业人才的需求与日俱增。本书通过对电子竞技及其衍生行业进行阐述，对其发展现状和未来趋势进行解析，目的是让读者可以全面、系统了解电子竞技的专业基础知识。

全书共分为7个模块，主要内容包括：电子竞技产业概况、电子竞技项目、电子竞技赛事与俱乐部、电子竞技场馆运营与赛事执行、电子竞技赛事内容制作与营销、电子竞技赛事参与及赛训支持、电子竞技发展趋势。

本书既可作为应用型本科院校、高等职业院校电子竞技运动与管理专业及体育类专业的课程教材，也可作为电竞爱好者和相关行业从业人员的参考用书。

图书在版编目(CIP)数据

电子竞技导论 / 赵佳主编. -- 上海：同济大学出版社，2022.10
 ISBN 978-7-5765-0481-1

Ⅰ.①电… Ⅱ.①赵… Ⅲ.①电子游戏—运动竞赛 Ⅳ.①G898.3

中国版本图书馆 CIP 数据核字(2022)第 223774 号

电子竞技运动与管理专业系列教材

电子竞技导论

主编 赵 佳　　**副主编** 朱沁沁　赵文蕾　　**主审** 周凌翔
责任编辑 杨 艳　　**责任校对** 徐春莲　　**封面设计** 杨晓文

出版发行	同济大学出版社　　www.tongjipress.com.cn	
	(地址：上海市四平路1239号　邮编：200092　电话：021-65985622)	
经　　销	全国各地新华书店	
印　　刷	上海安枫印务有限公司	
开　　本	710 mm×1000 mm　1/16	
印　　张	13	
字　　数	260 000	
版　　次	2022年10月第1版	
印　　次	2022年10月第1次印刷	
书　　号	ISBN 978-7-5765-0481-1	
定　　价	68.00元	

本书若有印装质量问题，请向本社发行部调换　　　版权所有　侵权必究

前　言

随着计算机技术的发展，电子游戏行业随之蓬勃发展。1962 年，美国麻省理工学院的学生斯蒂芬·罗素（Stephen Rusell）和他的几位同学设计了一款双人射击游戏——《太空大战》（Spacewar）。1972 年，斯坦福大学举办了《太空大战》游戏比赛，这是第一次有记载的电子竞技赛事，电子竞技的历史也由此开端。

自 20 世纪 80 年代开始，国际上各种游戏的赛事开始蓬勃发展。中国电子竞技的历史，开始于 20 世纪 90 年代，著名的《雷神之锤》《反恐精英》《星际争霸》《魔兽争霸》等游戏风靡一时，同时也发展了一批早期的电子竞技选手。直到 21 世纪初，随着 ESWC、WCG、CPL 等全球性大型赛事的出现，电子竞技进入了新的发展阶段。

随着电竞行业的高速发展，如何培养专业的人才逐渐成为热门话题。这些年，受我先生周凌翔的影响，我也伴随着中国电子竞技一路走来，有了一些心得。本书聚焦电子竞技行业，通过解读电子竞技及其周边衍生行业的基础知识，结合本人这些年的观察和思考，希望通过理论学习与实际操作完成教学培养，为蓬勃发展的电竞产业培养和输送更多的专业人才，缓解电竞行业人才需求压力。

本书从实用的角度出发，力争全面、系统地阐述电子竞技行业的概况、核心内容以及发展趋势。书中内容基本上涵盖了电子竞技行业的全部知识要点，并努力用通俗易懂的语言为读者进行讲解，适合电竞专业的学生、电竞爱好者和相关行业从业者学习使用。

全书共分为 7 个模块，主要内容包括：电子竞技产业概况、电子竞技项目、电子竞技赛事与俱乐部、电子竞技场馆运营与赛事执行、电子竞技赛事内容制作和营销、电子竞技赛事参与及赛训支持、电子竞技发展趋势。

  本书在结构上，采用具体的案例进行分析，方便读者理解和查找；每一章提供了"拓展阅读"的环节，以拓宽读者的知识面；为方便读者进行自我评价，在每章最后也提供了测试题，包括 5 道单选题和 1 道实操题或简答题，可以用来测验学习成果。

  当然，本书还有诸多不足之处，也欢迎业内专家、学者一同探讨，共同进步。希望本书能够成为大家了解电子竞技行业的一本"新手指南"，让更多的人了解电子竞技。

赵　佳

2022 年 6 月于上海

目录

前言

模块 1　电子竞技产业概况 … 1
1.1　电子竞技的概念 … 3
1.2　电子竞技的发展历程 … 4
1.3　电子竞技的特征 … 7
1.4　电子竞技产业链 … 9
1.5　电子竞技从业分类 … 15
1.6　模块小结 … 19
1.7　拓展阅读 … 19
1.8　测试题 … 23

模块 2　电子竞技项目 … 25
2.1　电子竞技项目的分类 … 27
2.2　第一人称射击类项目 … 29
2.3　即时战略类项目 … 31
2.4　多人在线战术竞技类项目 … 33
2.5　卡牌类项目 … 35
2.6　其他类型项目 … 36
2.7　模块小结 … 37
2.8　拓展阅读 … 37
2.9　测试题 … 40

模块 3　电子竞技赛事与俱乐部　　45
3.1　电子竞技赛事　　47
3.2　主要电子竞技赛事体系　　48
3.3　电子竞技赛事管理　　51
3.4　电子竞技俱乐部　　55
3.5　电子竞技选手的转会　　58
3.6　模块小结　　61
3.7　拓展阅读　　61
3.8　测试题　　66

模块 4　电子竞技场馆运营与赛事执行　　69
4.1　电子竞技场馆基础知识　　71
4.2　电子竞技场馆工作岗位　　78
4.3　电子竞技赛制　　82
4.4　电子竞技赛事执行　　87
4.5　模块小结　　93
4.6　拓展阅读　　94
4.7　测试题　　99

模块 5　电子竞技赛事内容制作与营销　　101
5.1　电子竞技赛事内容制作　　103
5.2　电子竞技赛事内容制作相关岗位　　109
5.3　OB 实务　　114
5.4　电子竞技营销的概念与特点　　116
5.5　电子竞技营销的策略与方法　　119
5.6　电子竞技赛事营销策划方案　　123
5.7　电子竞技赛事营销经典案例　　127
5.8　模块小结　　130

5.9 拓展阅读 130
5.10 测试题 134

模块 6 电子竞技赛事参与及赛训支持 137
6.1 电子竞技赛事参与主体 139
6.2 电子竞技赛训主体 143
6.3 技术、战术和心理训练 146
6.4 模块小结 150
6.5 拓展阅读 150
6.6 测试题 152

模块 7 电子竞技发展趋势 155
7.1 电子竞技专业化 157
7.2 电子竞技娱乐化 162
7.3 电子竞技移动化 165
7.4 电子竞技全民化 170
7.5 VR 电子竞技 176
7.6 电子竞技教育 179
7.7 电子竞技相关政策 189
7.8 电子竞技相关法律法规 193
7.9 模块小结 195
7.10 拓展阅读 196
7.11 测试题 197

参考文献 199

模块 1
电子竞技产业概况

本模块从电子竞技的基础知识、电子竞技产业链以及从业人员等角度出发,综合阐述电子竞技产业的概况。通过本模块的学习,读者将对"电子竞技"这一概念有更加深刻的认识。

》 能力目标

- 能够准确理解电子竞技的特征,并对电子竞技的发展历程进行综合分析;
- 能够理解电子竞技行业分类的标准。

》 知识目标

- 了解什么是电子竞技;
- 理解电子竞技的发展史;
- 掌握电子竞技的特征;
- 了解电子竞技产业链;
- 明确电子竞技从业分类。

》 素质目标

- 在了解电子竞技的基础上,逐步消除对电子竞技的行业偏见;
- 丰富知识结构,提升专业技能。

1.1 电子竞技的概念

电子竞技包含两个基本要素："电子"和"竞技"。

"电子"是电子竞技的方式和手段，因为在电子竞技中，运动环节的实现需要依托各种软硬件，而软硬件作用的发挥需要依托信息技术环境才得以实现，这也是电子竞技运动和传统体育运动的区别之一。

"竞技"是体育的本质特性，其核心是对抗。电子竞技作为一种体育项目，其核心就是对抗和比赛。

关于电子竞技的概念，学术界主要有以下几方面理解。

林启勇认为，电子竞技运动是以数字信息技术为核心，以计算机硬件设备作为运动器械进行的，通过有效的比赛规则，达到人与人之间公平的对抗性运动。

段宁与郑志强提出电子竞技运动是高科技产物，是通过互联网、计算机、键盘、鼠标和公平统一的比赛规则，进行的人与人之间公平、公开和公正的竞技对抗。

李继伟与高希彬提出电子竞技运动就是以高科技互联网技术、电子计算机软硬件设备作为运动器械，在公平的体育竞赛规则下，进行的人与人之间的智力对抗。

国家体育总局于 2003 年 11 月 18 日正式提出了电子竞技的相关定义，即电子竞技是利用高科技软硬件设备作为运动器械，在同一竞赛规则下进行的人与人之间的对抗性活动。

知识链接

"网络游戏＝电子竞技"这种观点是错误的。

随着游戏产业的发展，电子竞技项目的不断更替，电子竞技早已不再是局限于 IP 直连或局域网的单机游戏了。尽管网络游戏在发行、运营、付费方式以及游戏平台的构建上较之前都有很大的不同，但这并不能影响一些平衡

> 性与对抗性很强的网络游戏加入电竞项目中。不管是单机游戏（单人游戏），还是网络游戏（多人游戏），只要符合"电子"和"竞技"这两个特征，那么它们都可以被称为广义上的电子竞技游戏。

1.2 电子竞技的发展历程

经历了游戏和电子游戏阶段，电子竞技在信息技术的高速发展下应运而生，电子竞技产业也经历了从弱到强的过程。随着整体社会环境的改善，电子竞技正处于历史发展的最好时期。电子竞技的发展历程可以划分为萌芽起步期、艰难探索期和蓬勃发展期三个阶段。

1.2.1 萌芽起步期

电子竞技于1996年开始萌芽，电子游戏中局域网的对战功能让青年一代发现了竞技的乐趣。1997年，一些游戏玩家建立了游戏组织，开始以团队形式进行游戏对抗，这也就是"战队"的雏形。

1998年，美国暴雪娱乐公司（Blizzard）发行的即时战略游戏《星际争霸：母巢之战》，使得即时战略游戏登上了新高峰。1999年，维尔福公司（Valve）发售的第一人称射击游戏《反恐精英》，为之后的射击类游戏奠定了基础。这两款竞技游戏迅速掀起了电子竞技游戏的第一股热潮。

随着竞技类游戏种类的增加和品质的提升，加之宣传推广工作的力度加大，参与电子竞技游戏的人数逐渐上升，一些具有影响力的赛事也相继出现。2000年，由韩国国际电子营销公司代理的世界电子竞技大赛（World Cyber Games，WCG）在全球范围内举办。同年，中国电子竞技联盟（China E-sport Association，CESA）在北京成立，并且举办了"首届中国电子竞技争霸赛"。

2001年，两名中国选手在WCG上获得一铜一银的成绩，引起国际上对中国电子竞技行业的关注。2002 年，首届中国电子竞技大会（China Internet Gaming，CIG）举办，此次大会在中国大陆选手参加的同时，也得到了港澳台地区电子竞技选手的广泛参与。

在电子竞技的萌芽起步期，随着电子竞技水平的提高，由民间自发组建的电子竞技俱乐部与电子竞技职业选手的出现，推动了电子竞技赛事在我国初期的发展。但是因为互联网整体环境不成熟，电子竞技还处于起步阶段，尚未形成稳定的电子竞技产业链。

1.2.2 艰难探索期

2003 年，中国战队在韩国举办的 WCG 赛事中取得三金、一银、一铜的好成绩，位列金牌榜第二，极大提高了中国电子竞技行业在国际上的地位。同年，国家体育总局宣布电子竞技成为我国第 99 个正式体育项目。电子竞技得到了官方认可，中国成为世界上第一个将电子竞技列为体育竞技项目的国家。

2004 年，电子竞技世界杯（Electronic Sport World Cup，ESWC）和职业电子竞技联盟（Cyberathlete Professional League，CPL）中的众多赛事纷纷进入中国，有力地促进了中国电子竞技和国际电子竞技的接轨。

同时，游戏竞技频道（Game TV，GTV）的建立使得电子竞技赛事通过电视媒体出现在大众视野，而中央电视台体育频道播出的《电子竞技世界》使得电子竞技首次出现在央视媒体，极大地加强了电子竞技的宣传力度。

然而 2004 年也是中国电子竞技行业的重要转折点。国家广电总局出台了《关于禁止播出电脑网络游戏类节目的通知》，包括《电子竞技世界》在内的所有与电子竞技相关的电视节目都被要求停止播出，电视媒体和赞助商停滞不前，电子竞技行业的发展遭遇了"寒冬"。

但 2004 年过后，电子竞技迎来了新的转机。2005 年 3 月，《鲁豫有约》为电子竞技世界冠军制作的专题节目播出；同年4月，第一支由中国人建立的具有国际性质的电子竞技俱乐部成立。2006年，电子竞技职业选手李晓峰代表中国获得WCG《魔兽争霸》项目的冠军，将五星红旗带上了世界最高级电子竞技赛事的领奖台。

2007年，在中国澳门特区举办的第二届亚洲室内运动会上，电子竞技被纳入国际性综合体育项目，中国电子竞技选手共计获得3枚金牌。2008年，国家体育总局整理并合并体育项目，电子竞技被列入我国第78个体育运动项目。

此外，在电子竞技的艰难探索期，多家知名电子竞技俱乐部相继成立，正规且有影响力的赛事也开始举办。同时，电子竞技产业也出现了第一批从业人员，其中包括游戏开发商、平台运营商、媒体宣传方、赛事策划方和电子竞技职业选手等。

1.2.3 蓬勃发展期

2011年，腾讯公司代理的由美国拳头游戏公司（Riot Games）研发的《英雄联盟》正式上线，此款电子竞技游戏也成为2011年WCG正式比赛项目。同时，中国在电子竞技行业也取得了优异的成绩。

2012年举办的WCG总决赛中，中国队获得3项冠军，并首次荣获该赛事的"国家杯"。2013年，国家体育总局决定成立一支由17人组成的电子竞技国家队，出征第四届亚洲室内和武道运动会。

2014年，在美国西雅图举行的《DOTA 2》第四届国际邀请赛上，来自中国的Newbee战队获得冠军，荣获了高达502万美元（约合人民币3 122万元）的奖金，刷新了中国体育史上团队最高奖金纪录，各大媒体使用大篇幅的报道将电子竞技赛事正面呈现在大众面前，消除了一部分人对电子竞技赛事的误解。

2016年，由国家体育总局联合大唐电信主办的首届全国移动电子竞技大赛（China Mobile E-Sports Games，CMEG）正式启动。

> **知识链接**
>
> **Newbee 电子竞技俱乐部**
>
> 2014年2月28日，Newbee（新兵）电子竞技俱乐部正式宣布成立。目前，Newbee战队拥有《DOTA 2》《炉石传说》《FIFA Online 3》和《风暴英雄》项目，着力于打造一流的电子竞技俱乐部。

2017年，原文化部（现为文化和旅游部）发文支持发展电子竞技等新业态。2018年，电子竞技正式成为雅加达亚运会的电子体育表演项目。至此，电子竞技在国家体育战略中取得了与传统体育项目相同的地位。

2019年，人力资源和社会保障部印发的《新职业——电子竞技员就业景气现状分析报告》显示，2018年国内热门电子竞技赛事超过500项，我国已成为世界上最具影响力和最有潜力的电子竞技市场，预计未来电子竞技赛事也会呈爆发式增长。

据《2020年中国电竞行业研究报告》显示，2019年我国电竞用户规模达到4.7亿人，电竞市场的整体规模突破1 000亿元。未来，电竞商业化发展将进一步推动电竞生态市场的增长。

1.3 电子竞技的特征

在蓬勃发展期的电子竞技，其属于体育赛事的精神和特点已完全显露，包括比赛双方的竞技性、观众的观赏性、不同赛事的文化性和大众进行电竞的社交性。

1.3.1 竞技性

所有的竞技活动都具有竞争性，竞争性是人与人之间对抗最本质的特性。

电子竞技同样是一项具有对抗性的活动，相对于传统的竞技项目而言，其所依托的平台是虚拟的网络，而且主要以智力对抗为主。同时，竞技性可以促使电子竞技参赛队员以协作和坚持的精神状态投入比赛，拥有较强的集体意识，进而在竞技中获得较好的比赛战绩。

1.3.2 观赏性

电子竞技产品设计的核心原则之一是面向观众，只有充分考虑观众的观赏体验，才能实现电子竞技赛事内容输出的核心价值。

在电子竞技比赛过程中，观众除了依靠自身经验预测比赛趋势之外，还可以根据双方比赛队伍的对战变化情况判断比赛形势，从而获得较好的观赛体验。因此，"观赏体验"是电子竞技运动带给观众的一种无形产品，双方队员在智力和心理等方面的全方位博弈能够给观众带来较强的荣誉感和冲击感。

1.3.3 文化性

电子竞技作为一个体育项目，除具有娱乐性质外，其已成为一座链接全球年轻人、促进文化互通的桥梁，学者们也都在积极探索电子竞技的发展规律以及社会影响，这都是在一定文化资源背景下产生的文化现象。

团结协作的电子竞技文化精神贯穿在各大赛事中，大型的电子竞技活动已成为加强各国和各地区之间文化交流的重要手段。

1.3.4 社交性

随着网络和信息技术的发展，即时对抗和实时对抗成为玩家之间最主要的对抗方式。在电子竞技中，无论是对手之间的交流还是队友之间的沟通，都依赖于一定的语言符号。

电子竞技选手主要通过语言、语音和文字等方式参与讨论，并建立朋友关系。因此，电子竞技已经成为一种促进大众交流的新的社交方式。

知识链接

开黑店（开黑）

开黑是流行于各种对战类游戏［如《英雄联盟》（League of Legends, LOL）、《王者荣耀》等］中的新兴词语，是指相熟的朋友一起组建团队进行游戏。游戏时，开黑对面由不认识的路人组队一起进行游戏，队伍又称野店。野店与开黑处于对立面。如果玩家击败了对面的开黑店队伍，这种行为叫作拆黑。

1.4 电子竞技产业链

近年来，电子竞技行业逐渐成为体育产业版图中较为重要的一块，其产业链也在不断完善，主要包含游戏运营、赛事运营和游戏媒体三大环节。

知识链接

电子竞技的高额奖金已经超过了大多数传统体育项目

媒体统计了 2020 年各项电竞赛事的数据，包括奖金金额、现役选手数量和赛事数量等内容，并根据数据对电子竞技项目进行了排序。

《反恐精英：全球攻势》（CS：GO）的各项数据都遥遥领先，以总奖金约 1 600 万美元、职业选手数量总计 2 862 名和 2020 年总共举行了 570 项赛事位居第一。《DOTA 2》以总奖金超过 900 万美元和 2020 年总共进行了 146 场赛事位居第二。由于原定于 2020 年 8 月在瑞典举办的《DOTA 2》国际邀请赛（The International DOTA 2 Championships，简称 Ti）因疫情影响被迫延期，使《DOTA 2》的总奖金缩水不少。《LOL》以总奖金超 800 万美元位居第三。

产业是社会分工和生产力不断发展的产物，是指由利益相互联系、具有不同分工的各个相关行业所组成的业态总称，虽然它们的经营方式、经营形态、企业模式和流通环节有所不同，但经营对象和经营范围是围绕着共同的产品而展开的。由于产业是社会分工的产物，因此它会随着社会分工的产生而产生，也会随着社会分工的发展而发展。

产业链是产业经济学中的一个概念，是各个产业、部门之间基于一定的技术进行的经济关联，并依据特定的逻辑关系和时空布局关系客观形成的链条式关联关系形态。

产业链是一个包含价值链、企业链、供需链和空间链四个维度的概念。这四个维度在相互对接的均衡过程中形成了产业链，这种对接机制是产业链形成的内模式，作为一种客观规律，它像一只"无形之手"调控着产业链的形成。

产业链的本质是用于描述一个具有某种内在联系的企业群结构，它是一个相对宏观的概念，存在两维属性：结构属性和价值属性。产业链中存在着大量的上下游关系和相互价值的交换，上游环节向下游环节输送产品或服务，下游环节向上游环节反馈信息。

1.4.1 电子竞技产业链上游

电子竞技产业链的上游主要包括游戏研发商和游戏发行商两个版块。

游戏研发商是电子竞技游戏研发的主体，也是整个电子竞技产业内容的提供者，游戏研发主要包括创作剧本、策划情节和开发程序等环节，其主要作用就是实现游戏的产品化。

游戏研发商团队主要由产品经理、策划师、美术设计师和程序设计师等组成，分别负责游戏风格与规则、游戏场景设定和游戏程序规划三个部分内容的研发。著名的游戏研发商有暴雪娱乐公司、蓝洞（Bluehole）工作室、拳头游戏公司、Rockstar Games 和腾讯旗下的天美工作室群等。

游戏发行商主要负责电子竞技游戏的推广和销售工作。由专业的工作人员通过专业设施设备，将研发商制作出的游戏产品转变为游戏服务，提供给用户。

游戏发行商的主要工作内容包括产品推广、渠道销售、维护更新和售后服务等。

1.4.2 电子竞技产业链中游

电子竞技产业链的中游主要包括人员塑造、场地设置和赛事执行三个版块。

1. 人员塑造

（1）电子竞技俱乐部

电子竞技俱乐部是指以企业为组织形式，拥有独立经济实体法人，对电子竞技选手和竞赛进行管理运营，并通过竞赛表演服务获得利润的协会或团体。

电子竞技俱乐部主要负责职业电子竞技运动员的培养，其重视选手竞技能力的提升，更注重选手心理辅导和文化知识教育，旨在促进电子竞技选手整体素质的提高。例如，《英雄联盟》职业比赛中就有许多电子竞技俱乐部参与。图1-1所示为《英雄联盟》电子竞技俱乐部的价值排行榜。

排名	俱乐部名称	人气指数	舆论指数	战绩指数	综合指数	排名变动	
1	TES	980	415	31.6	29.5	—	打榜♥
2	IG	948	491	18.7	26.0	—	打榜♥
3	FPX	582	361	25.7	23.7	—	打榜♥
4	RNG	263	265	23.4	18.7	—	打榜♥
5	WE	103	138	28.6	18.0	—	打榜♥

图1-1 《英雄联盟》电子竞技俱乐部的价值排行榜

(2) 公会和经纪公司

公会原意是指基于共同利益而自发组织的社会团体，其成立的主要意图是可以与雇主谈判工资薪水、工作时限和工作条件等。公会的一般法律性质是社团法人，根据法律和司法解释的规定，建立公会的企事业单位是各自独立的法人主体，应当分别承担各自的民事责任。

目前国内的电子竞技行业没有选手公会，早期以游戏公会形式存在的团体如今已转变为专业的MCN（Multi-Channel Network，多频道网络）机构，同时官方会定时对MCN机构进行评估评比，如图1-2所示。

图1-2　2021年1月，游戏MCN机构估值排行榜

经纪公司即中介，经纪公司是为客户提供中介服务的营利性机构。在电子竞技产业中，经纪公司塑造的核心人员是电子竞技游戏主播。首先，经纪公司在为电子竞技游戏主播提供专业技能培训的同时，更重视语言能力、互动能力和自媒体运营能力的培养。其次，经纪公司可以提

供较好的媒体宣传、粉丝互动和平台资源,促进电子竞技游戏的商业化转变。

2. 场地设置

(1) 电子竞技场馆

电子竞技行业已成为投资热点,除投资电子竞技俱乐部和承办电子竞技赛事之外,与电子竞技行业成熟期相匹配的电子竞技场馆等线下基础设施也成为建设重点。

电子竞技场馆分为职业电子竞技场馆和业余电子竞技场馆。职业电子竞技场馆主要举办专业的电子竞技赛事,业余电子竞技场馆主要是为业余电子竞技爱好者参与电子竞技活动提供空间。

(2) 电子竞技馆

电子竞技馆是为专业电子竞技赛事而设立的场馆,以电子竞技为运营核心,提供满足电子竞技训练及比赛需求的专业化软硬件环境,同时兼具上网服务、餐饮娱乐、线下社交和购物观影等功能。

在电子竞技馆中,除了随科技进步持续升级的硬件外,其运营模式也独具特色。电子竞技主题不仅能够满足喜好团队作战与竞技氛围的核心客群,同时,结合玩家所喜爱的各类专业培训和主题活动,可以进一步为电子竞技馆带来持续稳健的盈利。

(3) 网吧

网吧是为客群提供互联网连接服务的营利性公共场所,通常由若干台计算机组成一个局域网,再通过光缆等方式接入互联网。

在电子竞技的萌芽起步期,网吧是网络游戏玩家进行交流的主要场所,"玩网络游戏"成为网吧的代名词。但与电子竞技馆相比,网吧的计算机配置较低,根据占地面积分为小型、中型和大型网吧,计算机台数保持在100~500台,面积多为200~800平方米,以大通间设计和包厢设计为主。

3. 赛事执行

电子竞技赛事执行主要包括赛事营销、赛事市场开发、赛事筹备与赛事生产四个部分。

赛事营销是通过广告和公关等活动将赛事的内容和过程推荐给目标消费群体的过程，属于赛事执行过程的重中之重。这一阶段主要涉及经纪公司和广告公司等。

赛事市场开发是指赛事运营商通过赞助、转播和特许等形式，对赛事资源进行开发和销售，从而盈利的过程。这一阶段主要的支持方是赞助商，赞助商通过经费、实物或相关服务的方式向电子竞技赛事提供支持，同时可享有冠名权和特许经营权等。

赛事筹备是指将软硬件设施和必要的生产要素准备妥当以供赛事生产使用。这一阶段主要涉及后勤服务保障商和设备商等。

赛事生产指依靠赛事产品自身吸引力，赢得赞助商、媒体和观众的满意，其最终目的是将赛事产品传递给消费者。在赛事生产中，电子竞技俱乐部、职业选手、教练和裁判等扮演着重要角色。例如，职业选手专业性水平的提高会提升赛事观赏性和观众满意度等。

1.4.3 电子竞技产业链下游

电子竞技产业链下游主要涉及赛事内容的传播，传播方式包括传统媒体传播和网络媒体传播两种。

1. 传统媒体

传统媒体主要包括报纸、杂志和电视等。在20世纪90年代，我国观众只能通过报纸和杂志了解电子竞技的相关信息。

2003年，国家体育总局将电子竞技运动正式设立为体育项目后，众多电视媒体纷纷引入电子竞技节目，如上海电视台的《游点疯狂》和西安卫视的《游戏俱乐部》等，这些电视节目使观众可以更好地了解游戏和职业玩家。同时，中央电视台体育频道推出的《电子竞技世界》，专门播放电子竞技的相关资讯，进一步扩大了电子竞技的知名度。

2. 网络媒体

网络媒体是一种具有及时性、海量性和互动性的跨界数字化媒体。随着市场需求的增加和网络技术的发展，在线直播平台成为网络媒体中最受大众欢迎的电子竞技传播方式。

观众在直播平台不仅可以实时观看电子竞技赛事，还可以收听主播的实时讲解，参与互动。直播平台以独特的传播机制为大众传播电子竞技信息，并为大众的沟通交流提供了更加方便快捷的渠道。

1.5 电子竞技从业分类

电子竞技产业链逐步完善后，行业内的职业和职位分类也在逐步趋于规范和完善。经过多年的发展与整合，现如今的电子竞技行业职业分类包括经营管理类、赛事支持类、节目制播类、内容制作类、市场营销类和赛事核心人员。

1.5.1 经营管理类

经营管理，是指企业为了满足社会需要和自身的生存发展，对经营活动进行计划、组织、指挥、协调和控制。其基本任务是合理地组织生产力，使供、产、销各个环节相互衔接，密切配合，人、财、物各种要素合理结合，充分利用，以尽量少的劳动消耗和物质消耗，生产出更多的符合社会需要的产品。

电子竞技经营管理类岗位包括战队经理人和电竞经纪人等。这些岗位要求各类管理者能够站在战略层的角度，依据国家政策和行业规则，结合电子竞技的前期开发、赛事运营、内容制作和传播等，做好电子竞技市场需求的初步预测和方案设计、电子竞技工作的组织筹备和内容安排、工作方案的实施和控制等，保证电子竞技企业取得良好的经济效益与社会影响。

知识链接

战队经理人和电竞经纪人

随着电竞行业的蓬勃发展和大量职业战队的组建,战队经理人和电竞经纪人这两个岗位应运而生。当一个电竞战队组建完成后,战队不仅需要职业选手进行比赛,同时也需要对内的管理人员和对外的业务人员,即战队经理人和电竞经纪人(后文将详细介绍电竞经纪人)。

一个战队的职业经理人,必须根据国家政策和行业规则,结合本战队的发展前景,为战队制定长期和稳定的运营方案和宣传策略。

在当下的电竞行业中,广告费、直播道具分成以及战队衍生出来的淘宝店都可以为战队盈利,对于这些盈利活动,战队需要人员去保证职业选手的利益最大化,同时也为市场和战队搭建一座桥梁,使市场和战队形成互利共赢的关系。

1.5.2 赛事支持类

赛事支持是指为个人或者组织提供的全方位的办赛参赛服务,即赛事创建、赛事管理、报名宣传、赛程设置、比赛通知、结果统计与数据分析以及玩家成长等一站式的解决方案。具体来讲,就是为保证电子竞技赛事的顺利举办而提供的包括赛事组织策划、赛事筹备、赛事服务和评估等在内的一系列活动的总称。

1.5.3 节目制播类

类似于电视或网络节目的直播,电子竞技直播行业的惯例也是实行"制、播"分离的模式。电子竞技节目制播方主要分为两种机构:一种是电子竞技赛事的主办方,另一种是经过赛事主办方授权的其他机构。

电子竞技节目的制播在设计、编排和组合上都具有明显的独创性,涉及的岗位包括导播、主播和解说等。

各岗位相关的工作人员必须根据其专业能力和经验,对电子竞技赛事内容进行选择和创作,最终形成新的、可供观赏的画面。在不影响电子竞技选手参赛状态的情况下,尽量缩短电子竞技直播的时滞,保证直播的实时性和流畅性，提高赛事的观赏性和用户的满意度。

1.5.4 内容制作类

电子竞技内容制作岗位包括主要内容制作、衍生内容制作和数据服务三个部分。与电子竞技游戏开发商和玩家的劳动在电子竞技直播中作为直播对象被动呈现的方式不同，电子竞技的内容制作具有一定的主动选择性，以保证赛事内容制作的精彩与完备。

主要内容制作要求内容制作方根据对赛事情况的理解，挑选出若干重要、关键或有趣的镜头，通过机位设置与画面取舍、编排和剪切等多种方式完成镜头的衔接处理工作，更好地描述赛事内容，同时提高赛事内容的娱乐性，增加内容的吸引力。

衍生内容是由电子竞技行业衍生的包括动漫、玩具和服装等在内的相关产品。衍生内容制作要求相关设计人员能够把控电子竞技品牌的视觉规范，了解当下流行的国际设计潮流，精通 Photoshop 和 After Effects 等设计软件，通过搭建和推广衍生产品营销体系，提升电子竞技产业形象。

数据服务是指数据服务商通过收集赛事的比赛时间、比赛队伍、比赛赛制以及游戏中的摧毁塔数、杀敌数量、战队比分等信息，进而进行数据分析和信息服务的过程。该岗位一般被称为数据分析师。

数据分析师必须充分了解电子竞技赛事，能够快速分析从数据服务商处得到的实时电子竞技数据。另外，数据分析师还要根据历史数据进行分析和预测，提高数据的综合性。图 1-3 所示为《DOTA 2》数据分析师需要掌握的部分技能。

1.5.5 市场营销类

市场营销是在创造、沟通、传播和交换产品中，为顾客、合作伙伴以及整个社会带来经济价值的活动、过程和体系。简单来说，就是营销人员针对市场开展经营活动和销售行为的过程。

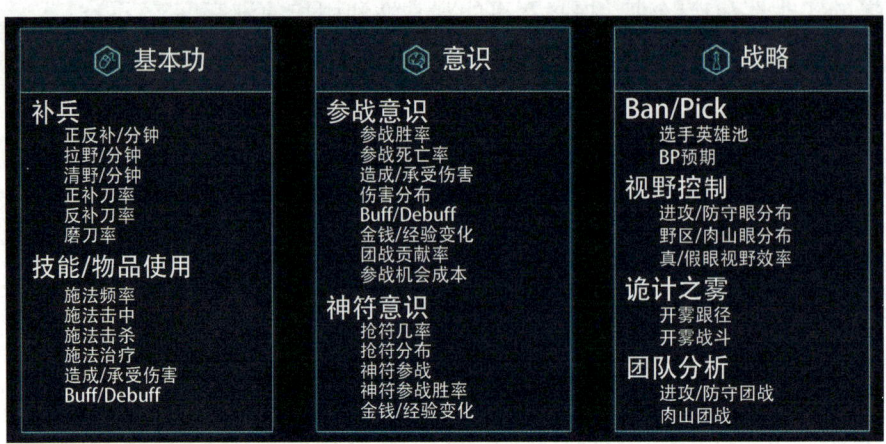

图 1-3 《DOTA 2》数据分析师需要掌握的部分技能

电子竞技行业直播热潮过后，其发展方向开始转向电子竞技营销。《王者荣耀》和《英雄联盟》可以凭借 IP 本身在大众消费者中的知名度与影响力，获得事半功倍的营销效果。由赛事本身延伸至新兴的动漫、影视、文学和体育等领域，它们的周边衍生品为电子竞技提供了更为广泛的营销支持。

1.5.6 赛事核心人员

电子竞技赛事的核心人员主要是指参与竞技比赛并且具有重要责任的人员，包括高层次、高水平和高素质的电子竞技选手、电子竞技战队教练、电子竞技数据分析师、电子竞技项目领队和电子竞技裁判等。

电子竞技选手是经过专业培训和高强度练习，拥有较高专业技能和心理素质，参与职业电子竞技比赛的人员。

电子竞技战队教练主要负责研究游戏、研发战术和制定阵容等工作。一场电子竞技比赛的获胜不仅需要选手出色的临场发挥，也需要教练具有把控全局的能力。

电子竞技数据分析师的要求是专门服务于战队和选手，对比赛数据和各个战队进行数据收集，对本战队的打法风格和团战偏好进行整理分析，目的是要做到"知彼知己，百战不殆"。

电子竞技领队作为一家俱乐部的底层管理层，其基础工作是统筹队员的生活起居。对于俱乐部来说，领队这个管理角色偏向于对内，在整个俱乐部中起到承上启下、沟通润滑的作用。

电子竞技裁判主要负责电子竞技赛事中的裁判工作，包括检查、落实比赛场地以及参赛选手竞赛适应性演练、对竞赛中的疑难问题进行解释、审核和宣布比赛成绩等，确保电子竞技赛事的公平性。

1.6 模块小结

本模块主要为读者介绍电子竞技的产业概况，具体知识点包括了解电子竞技的概念、电子竞技的发展历程、电子竞技的特征、电子竞技产业链和电子竞技从业分类等内容。通过学习模块的知识点，读者可以掌握当前电子竞技行业的概况，为之后的学习和工作打下坚实的基础。

1.7 拓展阅读

电子竞技作为朝阳产业，已经成为文体产业的重要组成部分，未来的一段时间内，将成为我国文体产业发展的重要驱动力。

知识链接

朝阳产业

朝阳产业是指新兴产业，是具有强大生命力、以新技术的创新带动企业发展的产业。市场前景广阔的朝阳产业，在未来发展趋势较好的情况下，可变为主导产业甚至支柱产业。但是朝阳产业的风险性依然存在，如果出现技术周期预计错误，就会误入技术陷阱，使投资血本无归。

1.7.1 带动产业生态

有电子竞技业内专家表示，举办一届像第 10 届《英雄联盟》全球总决赛（S10）这样的顶尖国际电竞赛事，需要产业链上下游数十乃至上百家企业的精诚合作，也就是需要电竞俱乐部、赛事执行、赛事管理、直播平台、媒体及内容团队等成千上万人的共同参与。

举办一场国际赛事，需要调动线上、线下各类资源，也需要足够庞大的观赛群体，还需要一个能够容纳大量观众的场馆。场馆所在的城市最好为现代化城市，因为该城市的交通、安保等各个维度的工作人员可以给予鼎力支持。

2020 年，《英雄联盟》S10 赛事能够成功举办，一方面对外展示了中国电竞产业多年积淀下的长足发展和进步，另一方面也展现了电竞产业作为一项新兴的竞技体育产业，对于经济、民生的带动作用。

从 S10 赛季开始，电竞爱好者可以一边观看直播一边瓜分赛事奖金。每一位用户只要加入官方赛事交流群参与赛事预测，除了能够领取平台赠送的现金外，还能够参与限定的皮肤随机赠送和红包雨活动，同时赛事期间也引入了平台的主播，每天限时免费陪玩上分。

在 S10 赛季期间，光明莫斯利安、娃哈哈、战马、KFC、苏宁易购、浦发信用卡、坚果投影、乐和、英特尔和罗技等来自不同领域的品牌，同时选择成为中国区合作伙伴，它们都看到了电竞产业和电竞赛事在国内市场的蓬勃前景，看中了电子竞技在年轻族群中日益增长的不可忽视的影响力。

据中国音像与数字出版协会游戏出版工作委员会（简称中国音数协游戏工委，GPC）与中国游戏产业研究院联合发布的《2021 年 1—6 月中国游戏产业报告》显示，2021 年 1—6 月，电子竞技游戏实际营销收入为 720.61 亿元，同比增长 0.17%；中国电子竞技用户规模已达到 4.89 亿人，同比增长 1.13%。但是在 2022 年，这一数据发生了明显的变化。据《2022 年 1—6 月中国游戏产业报告》显示，2022 年 1—6 月，中国游戏市场实际销售收入1 477.89亿元，同比减少1.8%，打破7年以来连续增长的势头。上半年，中国游戏用户规模6.66亿人，同比下降0.13%。按照同比口径，这也是7年以来上半年游戏用户首次出现下降。此外，2022年1—6月，中国电子竞技游戏市场实际销售收入为637.12亿元，同比降低11.59%。2022年1—6月，中国电子竞技用户约有4.87亿人，同比下降0.41%。这些数据足以说明：国内的游戏行业用户增长红利近乎消退，进入存量竞争时代。

1.7.2 人才缺口

在电竞经济拥有无限潜能的当下，处于高速上升期的电竞产业正处于人才短缺的阶段。在2020年1月召开的"电子竞技员"国家职业技能标准开发启动会上，有专家指出，当前电竞人才的需求缺口已达到50万人，但真正从事电竞产业的专业人才仅有5万人左右。

在现如今的中国，电竞人才的需求早已不再仅仅局限于职业选手、教练和解说/主播等大众所熟悉的台前岗位，还包括裁判、数据分析师、俱乐部运营、导播、赛训和电竞经纪人等上百种与电竞息息相关的工作岗位。任何身怀一技之长、热爱电竞的年轻人，都有机会进入电竞行业并发挥自己的专业所长。

作为国内电竞产业的领跑者，将传统体育作为借鉴目标的《英雄联盟》电竞，其专业化和商业化程度迅速提升，甚至开始辐射电竞之外的周边产业。

近年来，随着《英雄联盟》职业联赛推行主客场制，开展众多线下衍生业务，通过餐饮和娱乐等配套服务，《英雄联盟》电竞为赛事落地城市带来一批新的工作岗位，使得电子竞技与传统的民生经济之间有了更多的联系，夯实了电竞产业生态的基础，同时也使电竞轻松融入年轻人的日常生活，从而带动整个电竞相关产业的生态发展。

1.7.3 新增岗位——电竞经纪人

在电子竞技行业蓬勃发展的当下,职业选手正处于心智不成熟的低龄阶段,同时他们对各项法律条文也很生疏。

处于此种情况的职业选手无法为自己进行合理的职业规划,也无法很好地处理电竞比赛之外的一些事务,电竞经纪人由此应运而生。

1. 对选手的人生和职业进行合理规划

当电竞职业选手面临合同、工资、首发和转会等问题时,需要一个精通法律和经验丰富的人为其进行分析和谈判。

电竞经纪人可以帮助职业选手在与电竞俱乐部签署合同时,避免霸王条款、拿到合理待遇,还可以帮助职业选手在合适的时机完成转会的操作,使得职业选手的人生和职业规划始终处于正轨。

2. 规范电竞行业

电子竞技职业联盟需要成熟的经纪人制度,而成熟的经纪人制度可以催生和培养出优秀的电竞经纪人。

优秀的电竞经纪人不仅可以帮助职业选手在职业联盟中更加合理地生存;也能不断地淘汰劣质经纪人,使其没有生存空间;同时,优秀的电竞经纪人还能达到限制资方,促进电竞行业规范化的作用。

3. 经营选手利益的同时对选手进行思想升华

优秀的电竞经纪人,将站在职业选手的角度,为其谋求利益最大化;同时,在职业选手和俱乐部出现思想或行为的偏差时,还能够及时地进行公关和善后处理。

优秀的电竞经纪人应该限制选手的不合理要求,让职业选手在工作和成长的同时形成一个正确、健康、完整的三观。

优秀的电竞经纪人会使职业选手始终以积极的、正面的形象出现在大众眼前,向大众传播正能量。

1.8 测试题

单选题

1. 关于电子竞技的概念，下面的选项中说法错误的是（　　）。
   A. 林启勇认为，电子竞技是以数字信息技术为核心，以移动硬件设备作为运动器械进行的，通过有效的比赛规则，达到人与人之间公平的对抗性运动
   B. 段宁与郑志强提出电子竞技运动是高科技产物，是通过互联网、计算机、键盘、鼠标和公平统一的比赛规则，进行的人与人之间公平、公开和公正的竞技对抗
   C. 李继伟与高希彬提出电子竞技运动就是以高科技互联网技术、电子计算机软硬件设备作为运动器械，在公平的体育竞赛规则下，进行的人与人之间的智力对抗
   D. 国家体育总局认为电子竞技是利用高科技软硬件设备作为运动器械，在同一竞赛规则下进行的人与人之间的对抗性活动

2. 下面的选项中，（　　）不是电子竞技职业战队中的岗位。
   A. 职业经理人　　　　　　B. 赛事解说员
   C. 数据分析师　　　　　　D. 电竞经纪人

3. 关于电子竞技的特征，下面的选项中说法正确的是（　　）。
   A. 相对于传统的竞技项目而言，电子竞技所依托的平台是虚拟的网络，所以主要以网速和手速对抗为主
   B. 电子竞技产品的设计核心之一是服务于观众，这使得电子竞技必须具有娱乐性
   C. 电子竞技作为一项体育项目，因为各国的语言和习俗差异，而无法进行文化宣传
   D. 电子竞技已成为一种促进大众交流的新的社交方式

4. 下面选项的时间点正确的是（　　）。

A. 1999 年，美国暴雪公司发行的即时战略游戏《星际争霸：母巢之战》，使得即时战略游戏登上了新高峰

B. 2001 年，中国电子竞技联盟 CESA 在北京成立

C. 2003 年，国家体育总局宣布电子竞技成为我国第 99 个正式体育项目

D. 2014 年举办的 WCG 总决赛中，中国队获得 3 项冠军，并再次荣获该赛事的"国家杯"

5. 关于电子竞技产业链的叙述，下面的选项中说法错误的是（　　）。

A. 电子竞技产业链主要包含游戏运营、赛事运营、游戏媒体三大环节

B. 电子竞技产业链的上游主要包括游戏研发商和游戏发行商两个版块

C. 电子竞技产业链的中游主要包括人员塑造、场地设置、赛事执行和内容制作四个版块

D. 电子竞技产业链下游主要涉及赛事内容的传播

简答题

详细叙述产业与产业链的概念，以及二者之间的联系与区别。详细叙述电竞产业链上、中、下游各自主要涉及的内容。

参考答案：

单选题：ABDCC

模块 2
电子竞技项目

  本模块将围绕电子竞技项目展开，通过学习电子竞技项目的分类方法以及主流电子竞技项目的基础知识，以便读者熟悉各电子竞技项目的具体信息，并且从专业系统的角度重新认识电子竞技赛事。

》 能力目标

- 能够理解电子竞技项目的分类方法,并能够对任一电子竞技项目进行类别分析。

》 知识目标

- 掌握电子竞技项目的分类方法;
- 了解第一人称射击类项目;
- 了解即时战略类项目;
- 了解多人在线战术竞技类项目;
- 明确其他类型的项目。

》 素质目标

- 在了解电子竞技项目的基础上,逐步掌握电子竞技项目分类的方法;
- 丰富知识结构,提升专业技能。

2.1 电子竞技项目的分类

电子竞技是一项新兴体育项目，其包括不同形式的多种竞技游戏。根据电子竞技项目特点对其进行分类，可以更好地了解电子竞技运动。

> **知识链接**
>
> **分类的定义及作用**
>
> 在电子竞技项目分类的学习中，首先要明白"分类"一词，是指将物品（包含虚拟环境中的物品）、人或事情按照种类、等级或性质分别归类。根据分类的定义，可以在数目众多和玩法各样的电子竞技项目中，确定分类的标准。

目前，主流的分类标准包括电子竞技项目的参与人数、电子竞技项目的竞技性、电子竞技项目的载体和电子竞技项目的主流内容四种。同时需要注意的是，电子竞技项目分类的标准并不是唯一或一成不变的，依据不同的分类标准，电子竞技可以有很多分类的方法，本模块只讨论目前业界主流的分类标准。

2.1.1 按参与人数划分

电子竞技项目按参与人数可以分为单人项目和团队项目两种类型。

单人项目是指以个人的形式参加、以1对1形式进行的游戏项目，如《魔兽争霸Ⅲ》《炉石传说》和《拳皇》等。

团队项目是指以团队的形式参加、对战人数不低于两人的游戏项目，如《英雄联盟》和《DOTA 2》等。

单人项目偏向个人的能力与反应能力，团队项目则偏向团队之间的配合与协调。

2.1.2 按竞技性划分

按竞技性进行分类，可将电子竞技项目分为对抗性电子竞技项目和休闲性电子竞技项目两类。

对抗性电子竞技项目以竞技为主，体现电子竞技运动的竞技属性，它充分调动了用户对于"赢"的积极性，如《英雄联盟》通过玩家之间的对战来决定胜负，吸引玩家不断进行游戏。

休闲性电子竞技项目是建立在休闲娱乐基础上的竞技项目，如《球球大作战》。此类游戏在满足大众休闲娱乐需求的同时，采用"大球吃小球"的规则，体现游戏的竞技性。

2.1.3 按载体划分

按电子竞技项目的常见载体，可将电子竞技项目分为 PC 游戏项目、移动游戏项目、主机游戏项目和街机游戏项目四类。

PC 游戏项目是指在计算机上进行的电子竞技项目，如《英雄联盟》《DOTA 2》《炉石传说》等。

移动游戏项目是指可以在移动端进行的电子竞技项目，如《王者荣耀》《和平精英》等。

主机游戏项目（console game）是以电视屏幕为显示器，在电视上执行家用主机的电子竞技项目。比较著名的主机游戏有《泡泡龙》《俄罗斯方块》《贪吃蛇》等。

街机则是摆放在公共娱乐场所并具有经营性的专用游戏机。街机游戏项目是指在街机上运行的电子竞技项目，如《拳皇》等。

2.1.4 按项目内容划分

电子竞技项目按主流内容进行划分，可分为第一人称射击类项目、即时战略类项目、多人在线战术竞技类项目、卡牌类项目和其他类型项目五种。

2.2 第一人称射击类项目

第一人称射击类项目（first-person shooting game，FPS）是以玩家的主观视角进行的射击游戏。玩家不需要操纵屏幕中的虚拟人物进行游戏，而是以第一视角身临其境地体验游戏带来的视觉冲击。同时又因为游戏提供了更加丰富的剧情、精美的画面以及生动的音效，极大地增强了游戏的主动性和真实感。

知识链接

第一人称射击类项目的形成

动作游戏（action game，ACT）是指以"动作"作为主要表现形式的游戏。它强调玩家的反应能力和手眼的配合。早期的第一人称射击类项目只是动作类游戏的一个分支，后因其风靡全球才逐渐发展成为一个单独的分类。

2.2.1 《反恐精英：全球攻势》

《反恐精英：全球攻势》是一款由 Valve 与 Hidden Path Entertainment 合作开发的第一人称射击游戏，于 2012 年 8 月 21 日在欧美地区正式发售，为《反恐精英》系列游戏的第四款作品（不包括 Neo 和 Online 等衍生作品）。

游戏玩家分为反恐精英（CT 阵营）与恐怖分子（T 阵营）两个阵营，双方需在一个地图上进行多回合的战斗，达到地图要求的目标或消灭全部敌方即可取得胜利。表 2-1 所示为《反恐精英：全球攻势》的详细信息。

表 2-1 《反恐精英：全球攻势》的详细信息

中文名	反恐精英：全球攻势	游戏平台	PC/Mac OS X
发行商	Valve	开发商	Valve、Hidden Path Entertainmen

(续表)

外文名称	Counter-Strike：Global Offensive	国服公测	2017 年 9 月 15 日
发行时间	2012 年 8 月 21 日（海外）	代理商	完美世界、Steam
游戏类别	第一人称射击类游戏	游戏画面	3D
主要阵营	反恐精英（CT）和恐怖分子（T）		
主要角色	以色列国防军、英国空降特勤队、海盗、自由佣兵、分离主义者		

2.2.2 《绝地求生》

《绝地求生》是蓝洞游戏公司与 Playerunknown（《H1Z1》和《武装突袭 3》游戏中"大逃杀模式"的制作人）合作开发的一款战术射击类沙盒游戏。

因为游戏的获胜界面显示"大吉大利，今晚吃鸡"的字样，因此，该游戏又被玩家们简称为"吃鸡"。

该游戏的生存模式为大逃杀，每一局游戏将有 100 名玩家参与其中。游戏初始，一无所有的玩家们将被投放在绝地岛（battlegrounds）的上空，玩家选择进岛的时间和地点，进岛后需要在岛上收集各种资源对抗其他玩家，让自己生存到最后并取得胜利。表 2-2 所示为《绝地求生》的详细信息。

表 2-2 《绝地求生》的详细信息

中文名	绝地求生	游戏平台	PC
发行商	Steam（国际）	开发商	PUBG Corp
外文名称	Playerunknown's battlegrounds	公测时间	2017 年 3 月 23 日（海外）
发行时间	2017 年 3 月 23 日（海外） 2017 年 11 月 22 日（宣布代理）	代理商	腾讯（国服）
游戏类别	射击类沙盒游戏	游戏画面	3D
游戏引擎	虚幻 4	玩家角色	一个免费角色（可自定义）
武器装备	近战武器（如镰刀和平底锅等）、远程枪械（步枪、机枪、狙击枪、霰弹枪和冲锋枪）、手枪、投掷武器（破片手雷、烟雾弹、闪光弹）等		

2.3 即时战略类项目

即时战略类游戏（real-time strategy game，RTS）是策略游戏（simulation game，SLG）的一种。

即时战略类项目除单人游戏会有特殊的任务需求外，一般情况下，都以摧毁敌人作为任务目标以及游戏结束的方式。该类电子竞技项目的游戏形式是即时制而不是策略游戏中常见的回合制。

> **知识链接**
>
> **即时制和回合制的区别**
>
> 即时制和回合制是两种不同的战斗模式。
>
> 即时制的游戏进程以真实的时间为单位，完全跟随时间的流逝，与之同步进行。也就是说，在游戏中就算玩家什么都不做，游戏还是会继续进行。回合制以"回合"为单位，在游戏中当玩家的操作全部完成后并发出"下一回合"的指令，游戏才会继续进行。

2.3.1 《星际争霸Ⅱ》

《星际争霸Ⅱ》是暴雪娱乐公司于2010年7月27日推出的一款即时战略游戏，它是《星际争霸》系列的第二部作品。该游戏以三部曲的形式推出，即《星际争霸Ⅱ：自由之翼》（Wings of Liberty）、《星际争霸Ⅱ：虫群之心》（Heart of the Swarm）和《星际争霸Ⅱ：虚空之遗》（Legacy of the Void）。

《星际争霸Ⅱ》的剧情、世界观和游戏结构延续了《星际争霸》初代作品的风格架构，主要的不同点在于游戏资源。在该游戏中，玩家使用采集的资源建造不同的建筑和军队，基于此完成游戏升级的目标。表2-3所示为《星际争霸Ⅱ》的详细信息。

表 2-3 《星际争霸Ⅱ》的详细信息

中文名	星际争霸Ⅱ	游戏平台	PC
发行商	Blizzard Entertainment	开发商	Blizzard Entertainment
外文名称	StarCraft Ⅱ	代理商	网易游戏
发行时间	2009年7月1日（自由之翼） 2013年7月7日（虫群之心） 2015年11月10日（虚空之遗）	游戏画面	3D
游戏引擎	虚幻3	玩家人数	单人或多人
游戏类别	策略、战术、射击、竞技、团队、开放世界、动作		
主要角色	吉姆·雷诺、泰凯斯·芬利、莎拉·凯瑞甘、泽拉图、阿塔尼斯		

2.3.2 《魔兽争霸Ⅲ》

《魔兽争霸Ⅲ》是暴雪娱乐公司出品的一款即时战略游戏，并于2002年7月发布第一个版本。

玩家可以在《魔兽争霸Ⅲ》中操控4个种族，其中人类（human）和兽人（orc）在其前作《魔兽争霸Ⅱ：黑潮》中就已出现，另外2个是新增的种族，即暗夜精灵（nightelf）和不死亡灵（undead）。

《魔兽争霸Ⅲ》游戏包含大多数即时战略游戏所具备的要素，即采集资源、建设基地和指挥战斗等。该游戏的操作方式与《星际争霸》类似，继承了《星际争霸》易于上手的优点，并对《星际争霸》中的烦琐操作进行了简化。表2-4所示为《魔兽争霸Ⅲ》的详细信息。

表 2-4 《魔兽争霸Ⅲ》的详细信息

中文名	魔兽争霸Ⅲ	游戏平台	PC
发行商	Blizzard Entertainment	开发商	Blizzard Entertainment
外文名称	WarcraftⅢ	代理商	网易游戏
发行时间	2002年7月（混乱之治） 2003年7月（冰封王座） 2020年1月（重制版）	游戏画面	3D
游戏类别	即时战略、射击、多人竞技、团队、开放世界、动作		

2.4 多人在线战术竞技类项目

多人在线战术竞技类项目（multiplayer online battle arena，MOBA）又被称为动作即时战略游戏（action real-time strategy，ARTS）。目前较为流行的多人在线战术竞技类游戏包括《DOTA 2》《英雄联盟》《王者荣耀》等。

> **知识链接**
>
> **多人在线战术竞技类项目的玩法**
>
> 在此类游戏中，进行战斗时一般需要购买装备。通常开始游戏后玩家会被分为两队，两队在分散的游戏地图中互相竞争，每个玩家都通过 RTS 风格的界面控制所选角色，在竞争中以打垮对方队伍的阵地建筑为胜利条件。

2.4.1 《英雄联盟》

《英雄联盟》是由美国拳头游戏公司开发、中国腾讯游戏公司代理运营的英雄对战 MOBA 竞技网游。

《英雄联盟》游戏拥有上百个个性英雄，同时拥有排位系统、符文系统和荣誉系统等特色养成系统。该电子竞技项目拥有多种游戏模式，为不同需求的玩家提供了多种选择。

《英雄联盟》加入丰富的物品合成系统、地图玩法和天梯匹配机制，以及独创的"召唤师"技能和天赋组合，让玩家感受到不一样的英雄对战网游。表 2-5 所示为《英雄联盟》的详细信息。

表 2-5 《英雄联盟》的详细信息

中文名	英雄联盟	游戏平台	PC
发行商	Riot Games	开发商	Riot Games

(续表)

外文名称	League of Legends	公测时间	2011年9月22日
发行时间	2011年9月22日	代理商	腾讯游戏
游戏类别	策略、角色扮演、竞技	游戏画面	3D
主要职业	战士、射手、法师、刺客、坦克、辅助		

2.4.2 《王者荣耀》

《王者荣耀》是由腾讯游戏开发并运营的一款MOBA类手游。这是一款由玩家带兵摧毁建筑物的PVP（游戏术语：player vs player，指玩家之间相互对战）游戏。

《王者荣耀》中英雄定位可分为坦克、战士、刺客、法师、射手和辅助六种，不同的英雄拥有不同的属性和技能。

每个英雄都有若干个主动攻击技能（部分英雄拥有两种不同形态）和若干个被动技能；部分装备也拥有主动或被动技能，一些装备也包含独有的被动技能（不可叠加），每个英雄最多可以穿戴六件装备。

在《王者荣耀》游戏的匹配模式下，玩家可以使用周免英雄、已经购买的英雄和使用体验卡的英雄参加战斗。表2-6所示为《王者荣耀》的详细信息。

表2-6 《王者荣耀》的详细信息

中文名	王者荣耀	游戏平台	Android/IOS
发行商	腾讯游戏	开发商	腾讯游戏旗下天美工作室群
外文名称	Honor of Kings	国服公测	2015年11月26日
游戏类别	MOBA、即时对战、英雄对战	代理商	完美世界、Steam
地区	中国大陆	游戏画面	3D
主要职业	法师、战士、坦克、刺客、射手、辅助		
主要角色	亚瑟、韩信、安琪拉、赵云、李白、鬼谷子		

2.5 卡牌类项目

卡牌类项目也被称为纸牌类游戏，中外学者普遍认为现代卡牌游戏起源于我国唐代一种名叫"叶子戏"的游戏纸牌。该类游戏属于一种2人或2人以上在桌面上进行的角色扮演纸牌游戏，分为非集换式（playing cards）和集换式（trading card game）两种。

2013年，暴雪娱乐公司发布了一款卡牌类游戏——《炉石传说：魔兽英雄传》，并于2014年3月实现全球同步运营。

《炉石传说：魔兽英雄传》现已更名为《炉石传说》，该游戏采用《魔兽争霸》系列的故事背景和世界观，使用《魔兽争霸》中的10位角色作为该游戏的英雄职业。

在该游戏中，玩家可以根据己方现有的卡牌组建合适的卡组，并指挥英雄、驱动随从和施展法术，与游戏好友或素不相识的对手进行对战。表2-7所示为《炉石传说》的详细信息。

表2-7 《炉石传说》的详细信息

中文名	炉石传说	游戏平台	Windows/Mac/iPhone/Android/iPad
发行商	Blizzard Entertainment	开发商	Blizzard Entertainment
外文名称	HearthStone：Heroes of Warcraft	代理商	网易游戏
发行时间	2013年8月17日（美服内测） 2013年10月23日（国服内侧） 2014年3月13日（全球正式发布）	游戏画面	3D
游戏类别	集换式卡牌类	游戏引擎	Unity3D
卡牌类型	随从牌、法术牌、武器牌、英雄牌		

2.6 其他类型项目

除了第一人称射击类、即时战略类、卡牌类和多人在线战术竞技类项目以外，按电子竞技项目的主流内容进行划分，还可以分为格斗类、体育类和竞速类项目。

2.6.1 格斗类项目

格斗类项目（fighting game，FTG）也称格斗技术类项目，该电竞项目从动作游戏（action game，ACT）发展而来，游戏形式为两个角色进行1对1决斗。

1985年，FC（family computer）平台发售的《功夫》游戏成为格斗类游戏的标准典范，但是第一个含有FTG元素的游戏并不是《功夫》，而是日本CAPCOM公司于1988年开发的《街头霸王》。

之后，日本SNK公司推出的《龙虎拳》和《饿狼传说》等游戏同属格斗类电竞项目。

2.6.2 体育类项目

传统体育类电竞项目（sport game，SPG）主要是指玩家参与与现实生活中体育运动相关的模拟游戏。

传统体育类电竞项目是体育与科技协同发展的产物，其主要以人们常见的世界杯和NBA等体育赛事为基础，并且能够使玩家在虚拟的环境中感受到热烈的赛场氛围。传统体育类电竞项目的代表作品有《FIFA》系列、《麦登橄榄球19》和《托尼霍克滑板》系列等。

2.6.3 竞速类项目

竞速类项目（racing game，RCG）是以速度竞赛为主题的游戏类型，主要包括以赛车为主题的竞速类游戏，以及除赛车以外的其他形式

（如赛马和赛艇等）作为主题的竞速类游戏。

2.7 模块小结

本模块主要为读者介绍时下流行的电子竞技项目，具体知识点包括电子竞技项目的分类、第一人称射击类项目、即时战略类项目、多人在线战术竞技类项目、卡牌类项目和其他类型项目等内容。通过学习本模块的知识点，读者可以了解当前流行的各个电子竞技项目，为之后的学习和工作打下坚实的基础。

2.8 拓展阅读

电子竞技项目分类方式有许多，前面学习了通过参与人数、竞技性、载体以及内容等进行分类的方式，但是对于电子竞技游戏范围的划分远不止于此，下面继续拓展学习电子竞技游戏的分类，以更加宏观地了解电子竞技的世界。

2.8.1 电子竞技游戏分类

将电子游戏根据游戏硬件平台的不同、储存载体的不同以及运营方式的不同，可以进行详细划分，如表 2-8 所示。

表 2-8 电子竞技的游戏分类

分类标准	类别	实例
游戏硬件平台	电脑游戏	《雷神之锤》系列、《星际争霸》系列
	街机游戏	《大蜜蜂》《吃豆人》《超级马里奥兄弟》
	主机游戏	《马甲奥》系列、《口袋妖怪》系列
	移动平台	《植物大战僵尸》《皇室战争》

(续表)

分类标准	类别	实例
储存载体	软盘游戏	《波斯王子》系列、《模拟城市》系列、《文明》系列
	卡带游戏	《超级马里奥兄弟》
	光盘游戏	《仙剑奇侠传》
	数字游戏	《守望先锋》《绝地求生》
运营方式	单机游戏	《古墓丽影》系列、《古剑奇谭》系列
	网络游戏	《魔兽世界》《英雄联盟》

2.8.2 《反恐精英：全球攻势》初体验

本模块聚焦主流电子竞技项目，集中介绍了以项目内容进行划分的五类游戏。为了加深读者对本模块知识的吸收程度，巩固学习成果，在此以第一人称射击类项目中的典型《反恐精英：全球攻势》游戏为例，带领大家深入了解该游戏的详情信息以及基本操作。

1. 游戏介绍

《反恐精英：全球攻势》是第一人称射击类游戏的典型代表。它是以1999年的《反恐精英》为原型制作的新作，包含全新地图、角色、武器以及全新的游戏模式、竞技配对系统和排行榜等内容。

2. 场景地图

《反恐精英：全球攻势》游戏保留了《反恐精英》作战地图的外观，同时重制了游戏界面的空间和细节内容，改善对战双方在地形上的平衡性。按照所属游戏模式的不同可分为以下场景，如表2-9所示。

表2-9 《反恐精英：全球攻势》场景一览表

现役地图 （竞技比赛使用图）	备役地图系列	军备竞赛	爆破模式	人质解救地图
荒漠迷城 de_mirage	古堡激战 de_cobble	行李仓库 ar_baggage	金库危机 de_bank	办公室 cs_office
炙热沙城Ⅱ de_dust2	死城之谜 de_cache	山林小寨 ar_shoots	湖畔激战 de_lake	仓库突击 cs_assault

(续表)

现役地图 （竞技比赛使用图）	备役地图系列	军备竞赛	爆破模式	人质解救地图
炼狱小镇 de_inferno	阿努比斯 de_anubis	湖畔激战 de_lake	安全处所 de_safehouse	佣兵训练营 cs_militia
核子危机 de_nuke	科洛林 de_chlorine	圣马克镇 de_stmarc	蔗糖工厂 de_sugarcane	意大利小镇 cs_italy
殒命大厦 de_vertigo	车展大厅 de_engage	安全处所 de_safehouse	圣马克镇 de_stmarc	办公大楼 cs_agency
死亡游乐园 de_overpass	远古遗迹 de_ancient	月之海 ar_lunacy	沙城激突 de_dust	阿波罗 cs_apollo
列车停放站 de_train	运河水城 de_canals			

3. 游戏模式

（1）竞技匹配：《反恐精英：全球攻势》通过打赢10场比赛中的综合胜负百分比、作战场次和击杀比率等因素，将实力更接近的玩家匹配为对抗的双方，开发者希望这样可以让比赛更加平衡和有趣。

（2）休闲模式：在休闲模式中，玩家的攻击不会对队友造成误伤，玩家还可以跨团队和敌方聊天，系统还将自动为人物穿上防弹衣。

（3）竞技模式：在竞技模式中，玩家的攻击将会对队友造成误伤，需要购买防弹衣，赢方可以获得更多的钱来购买武器。

（4）爆破模式：爆破模式是快节奏的炸弹安放和枪械升级模式。该模式没有购买功能，因此玩家将从步枪开始游戏。如果当局杀人的话，下一局会得到更强的武器。10局后双方交换阵营，继续游戏，一个模式共计20局游戏。

（5）军备竞赛模式：军备竞赛模式节奏很快，且玩家能够随机重生，玩家通过击杀敌人升级武器，模式下总共26种武器，最终武器为匕首，最先使用匕首武器杀敌的小组获得胜利。

（6）死亡竞赛模式：死亡竞赛模式时间限定为10分钟，重生点和武器将随机发放给玩家。玩家通过击杀敌人获得杀敌点数，系统不定时触发武器奖励。使用奖励武器击杀敌人（满血重生）将额外获得 6 点点数，当时间耗尽后点数最高的玩家获胜。

4. 胜负判定

当比赛使用竞技模式，竞技模式为团队 5V5 和回合制的模式，每回合 2 分钟，每场比赛采用 30 局 16 胜的方式判定当局比赛的胜负。每一局游戏其胜负判定条件如下：

（1）1 分 55 秒前，若 C4 炸弹未被安放且一方全部队员阵亡，则另一方胜利。

（2）1 分 55 秒前，若 C4 炸弹已被安放，则停止计时，且仅在以下任意一种情况出现时，该局比赛结束。

（3）当"反恐精英"全部阵亡时，"恐怖分子"获胜。

（4）当 C4 炸弹被拆除时，"反恐精英"获胜。

（5）当 C4 炸弹成功引爆时，"恐怖分子"获胜。

 2.9 测试题

单选题

1. 关于电子竞技项目的分类，下面选项中说法正确的是（　　）。

    A. 电子竞技项目按参与人数可以分为单人电子竞技项目、多人电子竞技项目和团队电子竞技项目三种类型

    B. 电子竞技项目按竞技性可以分为对抗性电子竞技项目和休闲性电子竞技项目两种类型

    C. 电子竞技项目按载体可分为 PC 游戏项目、移动游戏项目和平板游戏项目三种类型

    D. 电子竞技项目按主流内容进行划分，可分为第一人称射击类项目、即时战略类项目、多人在线战术竞技类项目和卡牌类项目四种

2. 下面的选项中，（　　）不是多人在线战术竞技类项目《英雄联盟》的详细信息。

   A.《英雄联盟》的英文全称为 League of Legends，简称"LOL"

   B.《英雄联盟》中的主要职业包括战士、射手、法师、刺客、坦克和辅助

   C.《英雄联盟》于 2011 年 9 月 22 日进行公测

   D.《英雄联盟》是由腾讯游戏公司开发并运营的英雄对战 MOBA 竞技网游

3. 关于电子竞技中的第一人称射击类项目《反恐精英：全球攻势》，下面选项中说法正确的是（　　）。

   A.《反恐精英：全球攻势》的开发商为 Hidden Path Entertainment

   B.《反恐精英：全球攻势》于 2012 年 8 月 22 日在欧美地区正式发售

   C. 游戏双方需在一个地图上进行多回合的战斗，达到地图要求的目标或消灭全部敌方即可取得胜利

   D.《反恐精英：全球攻势》的游戏玩家分为反恐精英（T 阵营）与恐怖分子（CT 阵营）两个阵营

4. 关于电子竞技中的卡牌类项目《炉石传说》，下面的选项中说法正确的是（　　）。

   A.《炉石传说》使用《魔兽争霸》游戏中的 10 位角色作为本游戏的英雄职业

   B.《炉石传说》采用《星际争霸》系列的故事背景和世界观

   C.《炉石传说》于 2014 年 9 月 13 日在全球正式发布

   D.《炉石传说》的游戏类型为非集换式卡牌类项目

5. 下面选项中，（　　）不是即时战略类项目《星际争霸Ⅱ》的详细信息。

   A.《星际争霸Ⅱ》是暴雪娱乐公司于 2010 年 7 月 27 日推出的一款即时战略游戏

   B. 游戏的主要角色包括泰凯斯·雷诺、吉姆·芬利、莎拉·凯瑞甘、泽拉图和阿塔尼斯等

   C. 游戏的三部曲包括《星际争霸Ⅱ：自由之翼》《星际争霸Ⅱ：虫群之

心》和《星际争霸Ⅱ：虚空之遗》

D.《星际争霸Ⅱ》游戏的中国代理商为网易游戏

实操题

1. 请仔细观察图 2-1、图 2-2 和图 2-3 中的电竞项目界面，根据前面所学的电子竞技项目分类知识进行分析和理解，写出与电竞项目界面对应的电子竞技项目名称和分类。

图 2-1

图 2-2

图 2-3

2. 选择图 2-1、图 2-2 或图 2-3 中的任意电子竞技项目，根据所学知识写出该游戏的详情信息，完成如表 2-10 所示的测验表格。

表 2-10 测试表格

中文名		游戏平台	
开发商		发行商	
游戏类别		代理商	
简述游戏玩法			

参考答案：

选择题：BDCAB

判断题：1. 图 2-1 为卡牌类电竞项目《炉石传说》；

图 2-2 为多人在线战术竞技类项目《英雄联盟》；

图 2-3 为第一人称射击类项目《绝地求生》。

模块 3
电子竞技赛事与俱乐部

本模块围绕电子竞技赛事与俱乐部的管理展开,首先,对电子竞技赛事、赛事体系及赛事管理进行解读;其次,介绍电子竞技俱乐部和选手转会的相关知识;最后,对电子竞技相关法律法规、三大国际赛事和国外知名俱乐部等内容进行拓展学习。通过以上三个环节的学习,让读者进一步加深对电子竞技赛事与俱乐部的了解。

》 能力目标

- 能够准确理解电子竞技赛事的基础知识和电子竞技赛事的管理；
- 能够正确理解电子竞技俱乐部的概念、组织架构和经营方式。

》 知识目标

- 了解电子竞技赛事的相关知识；
- 明确主要电子竞技赛事的体系；
- 掌握电子竞技赛事的管理；
- 了解电子竞技俱乐部；
- 掌握电子竞技选手的转会。

》 素质目标

- 在了解电子竞技赛事和俱乐部的基础上，观看大型电子竞技赛事并了解参赛战队；
- 丰富知识结构，提升专业技能。

3.1 电子竞技赛事

从电子竞技赛事的概念、特征和分类等内容开始，对电子竞技行业的基础知识进行详细的介绍。

3.1.1 电子竞技赛事的概念与特征

电子竞技赛事是体育赛事的一种，因此通过对体育赛事的归纳理解，以及整合电子竞技本身的特点，可以将电子竞技赛事定义为：运动选手在明确的赛事规则内，基于电子竞技运动的统一要求，进行的竞技活动以及赛事周边产业活动的总和。

电子竞技赛事的特征包含竞技性、文化性、娱乐性和周期性，其中竞技性、文化性和娱乐性与电子竞技特征中的概念及作用发生了重合，因此不再赘述。

> **知识链接**
>
> **电子竞技赛事的周期性**
>
> 为了防止各类电子竞技赛事在实施过程中发生冲突，同时也为了实现赛事的利益最大化，电子竞技赛事具有明确的开始、实施以及结束过程，这就是电子竞技赛事的周期性。
>
> 电子竞技赛事的周期性可以保证各类赛事都有序进行，避免因为赛事日期冲突造成某些赛事关注度下降、选手不能参加和投资无法回本等不利影响。

3.1.2 电子竞技赛事的分类

电子竞技赛事的划分标准包括赛事影响范围、赛事主办方、赛事项目以及比赛地点四种。表3-1所示为电子竞技赛事分类表。

表 3-1 电子竞技赛事分类表

分类标准	类型	阐述
影响范围	国际性	全球范围内电竞俱乐部共同参与的电子竞技赛事，代表比赛有《DOTA 2》的 Ti 系列赛和《英雄联盟》的 S 系列赛等
	全国性	国家范围内电竞俱乐部共同参与的电子竞技赛事，代表比赛有《英雄联盟》职业联赛（LPL）
	区域性	以省份为单位举办的电子竞技赛事
	选拔性	网吧或者某个城市举办的电子竞技比赛
赛事主办方	第一方赛事	由游戏研发商或运营商举办的电子竞技赛事，代表比赛有腾讯主办的《英雄联盟》赛事和 Valve 主办的 Ti 赛等
	第三方赛事	由除游戏厂商外的其他机构主导的赛事，代表比赛有由国家体育总局信息中心主办的全国电子竞技大赛 NEST、由 ImbaTV 主办的 I 联赛和由阿里体育主办的世界电子竞技运动会 WESG 等
赛事项目	单项赛事	针对某一个电子竞技项目而组织的比赛
	综合性赛事	举办的赛事包含丰富的电子竞技项目种类
比赛地点	线上比赛	双方选手不在同一地点，在赛事主办方提供的网络平台上完成在线比赛
	线下比赛	双方选手在同一地点进行比赛，选手须在主办方指定的场地完成比赛

3.2　主要电子竞技赛事体系

电子竞技赛事体系是电子竞技游戏厂商根据游戏研发目的、玩家数量以及战略方向制定的关于游戏的赛事体系。

电子竞技赛事体系是一套以游戏为核心、以职业赛事为主体、以一般赛事为辅助的赛事系统，其发展尚不成熟，但在主流的电子竞技游戏中也有相对完善的电子竞技赛事体系。

3.2.1 足球式联赛体系

在足球式联赛体系中,官方只负责组织全球性的顶级赛事,各个赛区之间的赛程和赛制则是相互独立的。

由拳头游戏公司举办的《英雄联盟》全球总决赛就是典型的足球式联赛体系。主办方在全球范围内划分了 12 个赛区,每一个赛区都有自己的职业联赛,在本赛区的职业联赛中取得优异成绩,战队才有资格参加全球总决赛。

此赛事体系能够使玩家保持较高的竞技水平,并且大型的国际赛事更能吸引大量的流量和投资,其弊端则是无重大国际赛事期间很难获得企业的投资和观众的青睐,同时此赛事体系对主办方和运营商的赛事管理水平有较高要求。

知识链接

腾竞体育文化发展(上海)有限公司

腾讯为了搭建科学的电子竞技赛事体系,于 2019 年 1 月 4 日成立了腾竞体育文化发展(上海)有限公司。公司经营范围包括体育赛事策划、文化艺术交流与策划(不包括演出经纪)、知识产权代理、体育咨询、市场营销策划和公关活动策划等,公司还可以为策划的活动和内容提供相关的配套服务。

3.2.2 杯赛体系

在杯赛体系中,最为常见的一种形式为邀请赛,即一个单位或几个单位联合发出邀请,许多单位共同参加的比赛。除了邀请赛外,也有通过报名再经过层层筛选的形式从而进行的杯赛。

杯赛分为两类:一类是具有特定冠名权的"××杯",获胜方在一定时期或永久性获得象征比赛胜利的奖杯;另一类是指比赛获胜者会得到由主办方签名的荣誉证书。《DOTA 2》国际邀请赛就是典型的杯赛。

在以《DOTA 2》和《反恐精英：全球攻势》为首的杯赛体系中，竞技水平和比赛的公平性都比较高，同时拥有实力的战队能够在短时间内获得奖励。

由于地区举办的杯赛具有独立性，使得赛事的关注度比较低，也难以获得大规模的投资，同时也会影响拥有强劲实力的职业选手的职业发展，但是此类比赛对于基层选手十分友好，选手可在比赛中逐渐提升实力，最终实现参加大型电子竞技赛事的目标。

3.2.3 篮球式联赛体系

在篮球式联赛体系中，参赛者全部为城市战队。《守望先锋》联赛（Over Watch League，OWL）是全球首个以城市战队为单位的大型电子竞技联赛，也是《守望先锋》电子竞技的最高殿堂。联赛中各顶尖职业选手们享有稳定的薪金与福利。

在未来的发展中，《守望先锋》联赛也会从《守望先锋》挑战者系列赛中吸纳选手，以持续提升联赛选手的实力，图3-1所示为2021 NeXT《守望先锋》时空挑战赛的积分排名。篮球式联赛的举办时间可以覆盖全年，且娱乐性较强，分为季前赛、常规赛、季后赛、全明星周末等不同赛事。

图3-1 2021 NeXT《守望先锋》时空挑战赛的积分排名

知识链接

举办何种体系的电子竞技赛事更加有利发展？

虽然《英雄联盟》和《王者荣耀》所采取的足球式联赛体系获得了一定成功，但无论哪一种赛事体系，电子竞技行业都不能简单模仿，而应在原有基础上根据电子竞技自身特点对赛事体系进行改革，进而形成适合电子竞技行业的赛事体系，以更好地推动电子竞技产业的发展。

3.3 电子竞技赛事管理

电子竞技赛事是电子竞技产业链中的核心要素之一，赛事的管理与运营必须有高效的组织架构与合理的工作流程，这些要素是成功举办赛事的必要条件。

3.3.1 电子竞技赛事组织构架

电子竞技赛事组织属于经营管理型体育组织，其组织架构的合理建立可以使赛事的任务和个人劳动分工明确，保证大赛顺利进行。电子竞技赛事组织由如图3-2所示的五个部门构成。

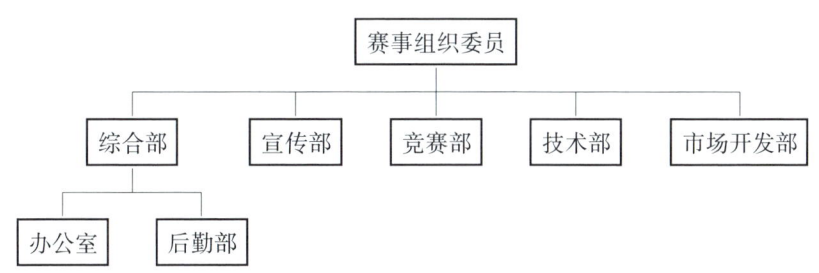

图3-2 电子竞技赛事组织架构

3.3.2 电子竞技赛事内部工作流程

电子竞技赛事作为一项社会文化活动，影响它成功的因素有很多。因此，在赛事实施之前，需要建立一套完整、标准的赛事工作流程对赛事进行规范，以确保赛事能够到达预期目标。图3-3所示为电子竞技赛事内部的工作流程。

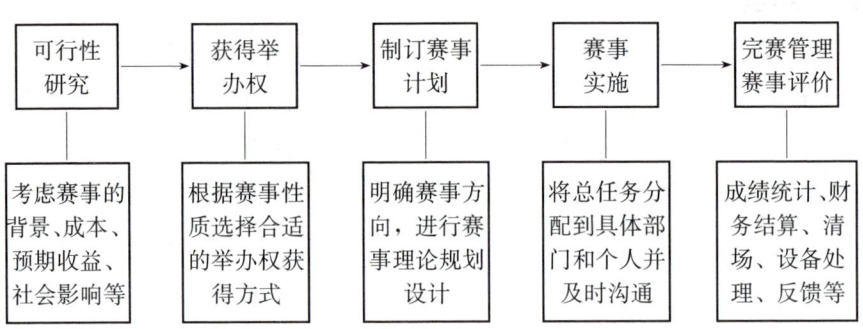

图 3-3　电子竞技赛事内部工作流程

知识链接

赛事举办权和完赛管理

赛事举办权是指某一国家或城市举办赛事的权利,也可称为特许经营权。赛事举办权主要包括冠名权、冠杯权、广告发布权和电视转播权等,还包括竞赛活动的名称、会徽和吉祥物等标志的特许使用权。

完赛管理是指赛后的清理工作,主要表现在竞赛和后勤工作整理,如竞赛成绩统计、公布、报道、器材处理、工作总结并记录赛事信息和财务结算等。

3.3.3　电子竞技赛事经营方式

电子竞技赛事的经营方式主要分为四种:单一赞助主导方式、多赞助商赞助方式、媒体运营方式和内容提供方运营方式。

四种经营方式的优缺点,如表3-2所示。电子竞技赛事主办方应根据当前赛事的要求和特点,合理选择赛事经营方式。

表 3-2　电子竞技赛事经营方式优缺点比较

运营方式	单一赞助主导	多赞助商赞助	媒体运营	内容提供方运营
优点	赛事相对稳定	投入资金设备多	掌握宣传渠道与优势资源	赛事目的明确,盈利点清晰
缺点	受赞助商经营状况与投资力度限制	赞助商不稳定,影响赛事长久性	政策受限及用户消费习惯未养成	优秀赛事被内容提供方垄断

3.3.4　电子竞技赛事场外运营

电子竞技赛事的场外运营主要包括赛事申办、赛事开发、赛事赞助和赛事版权延伸四部分。

1. 赛事申办

赛事申办是指某一城市或组织根据赛事申办规则取得赛事举办权的过程。

赛事申办要遵守相关法律法规，即电子竞技赛事的举办不仅需要为社会公众提供文化体育活动，同时也要确保比赛场地建筑和设施的安全性。赛事申办包含一定的申请流程，具体的申请流程包括如图3-4所示的五个步骤。

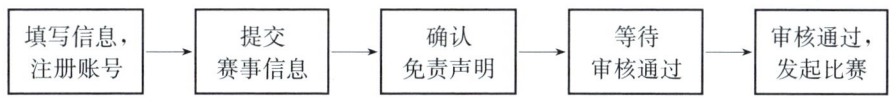

图3-4　电子竞技赛事申请流程

2. 赛事开发

举办电子竞技赛事不仅可以促进赛事举办地交通、文化等方面的发展，还可以加速电子竞技产业与城市经济的融合。

但是截至目前，社会各界对电子竞技赛事的关注通常仅停留在其短期经济效益上，而忽视了它给社会带来的积极连带效应。因此，利用合理的方式开发大型电子竞技赛事，是保障电子竞技行业持续发展的重要方式。

> **知识链接**
>
> **大型电子竞技赛事的特征**
>
> 大型电子竞技赛事的开发主要具有赛事商业化、观赏性强、以无形资产开发（自豪感、认同感、纪念币、明信片）为主、渠道多样化（政府、企业、社会团体）和筹备周期长五个特征。

3. 赛事赞助

现阶段，很多企业对体育赛事赞助，尤其是电子竞技赛事赞助的理念缺乏深入认识，因此如果想要企业赞助对赛事举办起到积极作用，必须注意以下问题。

首先，企业应根据赛事规模、营销目标和预算经费确定营销策略，打造营销支点；其次，赛事需要通过大众传媒进行传播，使赛事核心精神和赞助商的核心文化获得观众的认可；最后，赛事赞助需要长期性。

每一次赞助活动都需要从"质"和"量"两方面对赛事影响力、整合传播力和品牌曝光度等方面进行评估，从而找到并培养更多优质的赞助商进行赛事赞助，同时加快电子竞技产业的良性发展。

> **知识链接**
>
> ### 构成电子竞技赛事商业价值的三大特点
>
> (1) 赛事流量大
>
> 电竞赛事流量庞大是电竞赛事商业价值的有力支撑。根据数据显示，2020年《英雄联盟》春季赛（LPL）开赛后第一周，单日最高同时在线人数和日均观赛总时长相较去年同期增长超过70%。3月9日采用线上赛形式后，直播观赛热度不减，日均独立访客数相比第一周继续上升，较2019年LPL春季赛同比增长超30%。
>
> (2) 受众年轻化
>
> 在庞大的电竞爱好者中，年轻玩家是主力军。根据腾讯电竞发布的《2019年度中国电竞人才发展报告》，44%的电竞从业者不超过25岁。而在企鹅智库的《2019全球电竞行业和用户发展报告》中显示，30岁以下的中国电竞用户超过2/3。
>
> (3) 电竞人群社交广泛
>
> 电竞用户观看电竞赛事，可以了解职业选手对游戏的最新分析，还可以与朋友一起讨论如何赢得游戏胜利。增加受众参与度的同时，可以潜移默化地提高赞助品牌在受众中的影响力，让受众为该品牌的营销买单，最终达到赞助商售卖商品的目的。

4. 赛事版权延伸

赛事版权（也称"赛事IP"）是赛事产权的衍生产品。近两年，在国家发布相关的发展体育产业消费文件后，大量资本涌入到体育市场，体育赛事IP成为各企业争抢的"资源"，使得赛事版权成为体育产业关注的焦点。

电子竞技作为体育行业中的一员，应积极挖掘新玩法和创造新体验，在赛事版权的竞争中获得主动权。电子竞技企业首先应将"情感"作为赛事版权核心，使赛事得到观众喜爱；其次，要建立严格的管理体系，确保各级赛事的规范运行；最后，电子竞技赛事版权的投资不仅要遵循体育运动的发展趋势，还要符合当地的文化信仰。

挖掘电子竞技赛事版权需要准确定位和规范运行，避免与电子竞技行业的发展方向背道而驰。

3.4 电子竞技俱乐部

随着电子竞技产业的发展，电子竞技俱乐部开始涌现。目前，我国已经拥有多家具备企业法人资格并以盈利为目的的电子竞技俱乐部，这些俱乐部已经具有较为完整的组织结构，并逐渐朝着职业化管理和商业化经营的道路发展。

3.4.1 电子竞技俱乐部的概念

国际与国内没有对电子竞技俱乐部的确切定义，因此，根据职业体育俱乐部的定义整理并延伸，将职业电子竞技俱乐部定义为：具有企业法人资格、拥有由职业电子竞技选手组成的和有资格参加国内与国外各项职业电子竞技大赛的职业运动队的体育俱乐部。

> **知识链接**
>
> **职业体育俱乐部**
>
> 职业体育俱乐部是指具有企业法人资格的、拥有由职业运动员组成的和有资格参加全国职业队联赛的职业运动队的体育俱乐部。职业体育俱乐部按性质可分为非营利和营利两种类型。1869年,美国的辛辛那提红袜棒球队成功实现职业化,成为世界上第一支职业体育俱乐部。

目前,我国电子竞技俱乐部已进入相对成熟的阶段,拥有多家发展前景较好的、具备职业管理能力的电子竞技俱乐部,如IG电子竞技俱乐部和AG电子竞技俱乐部。

3.4.2 电子竞技俱乐部的组织架构

从组织结构来看,电子竞技俱乐部主要由投资人、总经理、市场运营人员、领队、数据分析师/教练、选手、翻译和后勤保障人员构成,如图3-5所示。

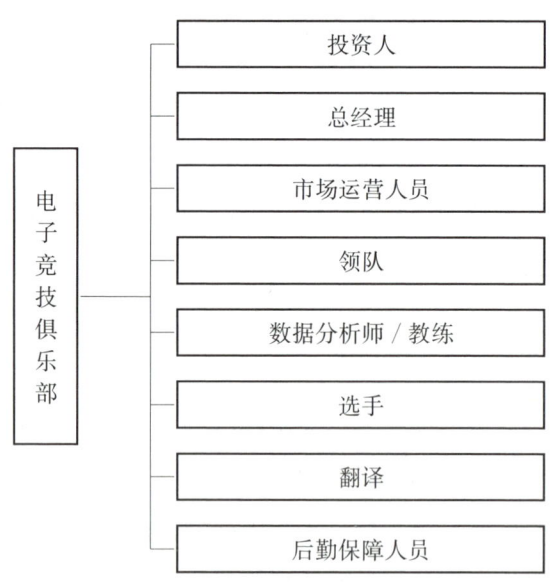

图3-5 电子竞技俱乐部的组织构架

> **知识链接**
>
> **电子竞技俱乐部中组织结构的人员释义**
>
> 投资人是俱乐部的拥有者；投资方聘用总经理，负责俱乐部的日常管理；市场运营人员负责俱乐部的宣传工作，运营人员通过电竞俱乐部的官方网站、微博和微信等媒介，进行线上、线下的宣传；领队负责俱乐部队员的日常训练和生活等；数据分析师/教练通过对数据的分析从而制定符合战队的比赛战术；选手以电子竞技为职业，日常积极训练，赛期则代表俱乐部参加比赛；翻译人员负责给外籍选手翻译；后勤保障人员负责俱乐部成员的日常起居。

3.4.3　电子竞技俱乐部的经营方式

电子竞技俱乐部的经营方式包括公司组建经营、个人组建经营和选手组建经营三类。

1. 公司组建经营

公司组建经营是比较普遍的电子竞技俱乐部经营方式。此种经营方式由公司投资组建俱乐部，俱乐部归公司所有，但是俱乐部运动员不属于公司职员，选手只与俱乐部签订合同。在公司组建经营的俱乐部中，具有典型意义的是 WE 电子竞技俱乐部。

> **知识链接**
>
> **WE 电子竞技俱乐部**
>
> WE 电子竞技俱乐部由我国最具专业性质的电子竞技网站 Replays.Net 组建而成，现隶属于希玛（上海）文化传播有限公司。WE 电子竞技俱乐部在国内乃至全球电子竞技职业化变革中第一时间完成职业化转变，成为我国首家职业电子竞技俱乐部。其对《魔兽争霸Ⅲ》《英雄联盟》和《跑跑卡丁车》等时下流行的电子竞技项目都有所涉猎。

2. 个人组建经营

个人组建经营俱乐部主要是出资人基于个人兴趣爱好的投资，此种经营方式区别于单纯的商业投资，且俱乐部属于投资人，但是投资人并不直接参与俱乐部的管理。

在个人组建的俱乐部中，最具典型意义的俱乐部是 IG 电子竞技俱乐部。2011 年，北京普思投资董事长、万达集团董事王思聪收购了即将解散的 CCM 战队，经过整合组建了 IG 电子竞技俱乐部。2018 年 IG 在《英雄联盟》S8 世界总决赛中夺冠，大大提高了 IG 的商业价值。同时，IG 由企业管理经验丰富的团队负责俱乐部的管理运行，加之背靠企业的社会资源，因此在短时间内其知名度与实力迅速提升。

3. 选手组建经营

早期职业战队中的选手退役以后，作为现在电子竞技俱乐部的管理者经营的电子竞技俱乐部，其经营方式属于选手组建经营。在选手组建经营的俱乐部中，具有典型意义的是 AgFox 电子竞技俱乐部。

AgFox 电子竞技俱乐部成立于 2007 年 4 月 17 日，从最早单一的《魔兽争霸Ⅲ》项目发展转型成国内一支综合性的职业电子竞技俱乐部，是中国电子竞技俱乐部联盟（Association of China E-sports，ACE）第一批职业电子竞技俱乐部成员之一。该电子竞技俱乐部立志多方位全方面的发展，稳定的赞助商、高素质的管理团队，为其成为职业电子竞技俱乐部奠定了基础。

3.5 电子竞技选手的转会

转会是电子竞技俱乐部的常见现象，也是电子竞技俱乐部人才流动的重要方式。随着电子竞技俱乐部的快速发展，转会现象在电子竞技行业越来越频繁。

3.5.1 转会的定义

转会（体育领域的专业名词）是指选手在本身合同期限内，从某一家俱乐部，通过俱乐部及个人双重合同达成协议，转至另外一家俱乐部的过程。

> **知识链接**
>
> **转会的两种情况**
>
> 第一种情况是永久转会，即电子竞技选手永久地从一家电子竞技俱乐部流向另一家电子竞技俱乐部；另一种情况是临时转会，即指在一定期限内，另一家电子竞技俱乐部向原电子竞技俱乐部租借电子竞技选手。一般情况下，电子竞技行业内的转会多指永久转会。

3.5.2 转会的原因

电子竞技行业的人力资源只有实现充分流动，才能使该行业内的人员配置达到最优状态。需要注意的是，绝大多数体育赛事在赛期需要建立转会制度，来确保赛事核心人员配置。

一般情况下，电竞职业选手的转会原因有三个，包括寻找新的训练环境和比赛环境、希望选择综合实力强和声望较高的职业体育俱乐部以及寻求自身更好的发展前途。

> **知识链接**
>
> **转会制度的重要性**
>
> 转会制度的目的是实现人才流动，加强职业电子竞技俱乐部的建设，提高电子竞技选手从事电子竞技事业的积极性和主动性，进而促进电子竞技行业的持续健康发展。

3.5.3 转会的流程

电子竞技选手转会一般包括以下流程：

（1）由新的电子竞技俱乐部向选手原所属协会提交转会申请；

（2）选手原所属协会收到转会申请后，完成对新电子竞技俱乐部所提交材料的审查工作；

（3）新的电子竞技俱乐部向电子竞技选手所在的原电子竞技俱乐部索要转会证明；

（4）新的电子竞技俱乐部收到电子竞技选手的转会证明，则电子竞技选手转会成功，可代表新电子竞技俱乐部参加电子竞技比赛。

3.5.4 转会的案例

1. 正面转会案例

2021年年初，《和平精英》职业选手诚C所在的YQL俱乐部为诚C标出450万元人民币的挂牌费，通过竞拍方式决定诚C的归属问题，最终LGD俱乐部以1 178万元的高价得标，使诚C从YQL电子竞技俱乐部成功转会到LGD电子竞技俱乐部。

2. 负面转会案例

Monet选手所属的LFY战队在Ti7赛事中取得季军的名次，同时赢得了259万美元的奖金，这对于一支初次参加Ti大赛的战队来说，是非常亮眼的成绩。优秀的赛事成绩使得Monet选手拥有了较好的职业前景和商业价值。

然而在2018年的秋季转会期间，Monet选手在与LGD俱乐部签约合同未到期的情况下，选择加盟RNG俱乐部，并放弃之前已经谈判完成的EHOME俱乐部。此时，LGD俱乐部对Monet选手的转会毫不知情。

随后LGD俱乐部发布Monet选手的违约声明，使Monet选手无视契约和职业精神的行为引发电子竞技行业的舆论讨论。

良好的赛事成绩本应帮助Monet选手在电子竞技的舞台上有更好的发展，然而身为公众人物的Monet选手却因转会行为出现许多的负面新闻，非常不利于其今后的发展。

3.6 模块小结

本模块主要为读者介绍电子竞技赛事和俱乐部的相关知识,包括电子竞技赛事、主要电子竞技赛事体系、电子竞技赛事管理、电子竞技俱乐部和电子竞技选手的转会等内容。通过学习本模块的知识点,读者可以逐渐加深对电子竞技赛事和俱乐部的了解,为之后的学习和工作奠定基础。

3.7 拓展阅读

在电子竞技行业中,电子竞技赛事与电子竞技俱乐部是不可分割的,二者缺一不可。接下来介绍三大国际电子竞技赛事、RNG电子竞技俱乐部和盘点外国著名电子竞技俱乐部,通过这些知识点使读者更加了解赛事与俱乐部的关联性。

3.7.1 三大国际电子竞技赛事

三大国际电子竞技赛事包括职业电子竞技联盟、电子竞技世界杯和世界电子竞技大赛。

1. 职业电子竞技联盟(CPL)

职业电子竞技联盟(Cyberathlete Professional League,CPL)是Angel Munoz(股票经纪人/银行投资者)为了报道和举办电子竞技职业比赛的消息于1997年创立的联盟。

在美国、亚洲和欧洲等国家和地区,都举办过由CPL组织的比赛。CPL的比赛由参赛者自己报名,但是所有参赛人员的年龄必须大于17岁。举办CPL赛事的目的是让电子竞技变成一项真正的比赛,并将其提升到运动层面上。

> **知识链接**
>
> **业余竞技联盟（Cyberathlete Amateur League，CAL）**
>
> CPL 还拥有一个针对成人玩家的业余竞技联盟——CAL。CAL 通常持续一年，包括每周 1~2 场比赛的普通 8 周赛季和单败淘汰赛季。随着在线游戏作弊趋势的增长，参加的 CAL 的队伍正在减少，杜绝作弊成为线上比赛的重要任务。

CPL 是电子竞技领域中最有影响力的联盟之一，也是电子竞技行业早期多数玩家参加网络比赛的组织者。由于过分迎合赞助商以及决策失误，CPL 开始走向下坡路，并于 2008 年 3 月 14 日正式宣布停止运营。

同年，CPL 被 United Arab Emirates 旗下的 Abu Dhabi 投资集团收购，但是其影响力已经大不如前。如今的 CPL 虽然光辉不在，但是它对电子竞技行业以及电子竞技赛事的推动作用是值得肯定的。

2. 电子竞技世界杯（ESWC）

电子竞技世界杯（Electronic Sport World Cup，ESWC）起源于法国，前身为欧洲传统电子竞技赛事"Lan Arena"，是由包括中国在内的 11 个理事国发起、超过 60 个合作伙伴的国际文化活动。

在 1998—2002 年，ESWC 组织了 7 届"Lan Arena"比赛，积累了超过 15 万人的网络玩家；2004 年的 ESWC 被推广到了 49 个国家，拥有 10 万名现场观看决赛的观众、150 万名在网上观看视频的观众、40 万名在谷歌上点击的用户、25 万欧元的奖金和 5 500 万人次的 ESWC 网页浏览量，这些数据使 ESWC 获得了空前的成功。

但是在 2006—2008 年，由于多次拖欠选手奖金使得 ESWC 饱受争议，其后在 2008 年宣布破产，2009 年被 GamesSolution 公司收购，收购之后的 GamesSolution 宣布不继承 ESWC 之前的债务，并且拒绝支付 2006—2008 年期间拖欠的奖金。之后 GamesSolution 利用银行保障书作为保证，成功举办了 ESWC2010。

2012年，Oxent正式宣布从GamesSolution公司手中购得ESWC所有权。重启之后的ESWC因为规范的赛事制度以及按时发放奖金等有利因素，再次成为世界顶尖赛事。之后由于运营不善，ESWC逐渐淡出历史舞台。

3. 世界电子竞技大赛（WCG）

世界电子竞技大赛（World Cyber Games，WCG）创立于2000年，是一个全球性的电子竞技赛事和计算机游戏文化节，该项赛事由韩国国际电子营销公司Internation Cyber Marketing主办。WCG因为出色的赛事水平，曾被誉为"电子竞技奥运会"。

2000年，韩国在汉城（2005年改名为首尔）举办了一场名为World Cyber Game ballengee的电子竞技赛事，这也是WCG的前身。主办方邀请了17个国家及地区的电子竞技选手参赛，我国的6名电子竞技选手受邀前往参赛。World Cyber Game ballengee电子竞技赛事的成功举办与三星公司的赞助，使得第1届WCG在全世界开展起来。

2005年和2006年，中国选手李晓峰（游戏ID：SKY）连续2年获得《魔兽争霸Ⅲ》的冠军，向世界证明了我国电子竞技的实力。

WCG在2001—2013年之间共举办了13届，之后由于太过固定化的模式、僵硬的赛制赛程和不合理的比赛项目而走向衰落，同时更多的赛事逐步进入电竞爱好者的视线，也间接削弱了WCG的影响力，致使之后的5年WCG都没有再举办比赛。

直到2019年，WCG再次出现在大众视野并宣布举办第14届的WCG大赛。WCG对于参与者没有限制，全球的游戏爱好者均能报名参加。

WCG2019从来自80个国家的报名者中，通过国家预选赛和洲际预选赛，选出最终进入WCG2019西安总决赛的团队。2019年7月21日，WCG2019世界电子竞技大赛在陕西省西安市落下帷幕。2020年11月8日，WCG2020世界电子竞技大赛在上海市落下帷幕。

3.7.2 RNG 电子竞技俱乐部

单从字面上理解，俱乐部是人们聚集在一起进行娱乐活动的组织团体和场所，严格解释是具有某种相同兴趣的人进行社会交际、文化娱乐等活动的团体场所，由此可知，选手和俱乐部密不可分。

2013 年是我国《英雄联盟》电子竞技项目爆发的一年。电竞俱乐部如雨后春笋般出现，相关的电竞比赛也相继出现，我国也有了自己的职业联赛——LPL。

2013 年 10 月，皇族在 S3 世界总决赛中获得了第 2 名，创造了 2017 年之前中国大陆《英雄联盟》战队在 S 系列比赛中的最好成绩。在众多俱乐部中，RNG 俱乐部（原皇族电竞俱乐部）已然是一个元老级别的存在。

知识链接

RNG 电子竞技俱乐部的战绩

皇族电子竞技俱乐部成立于 2012 年 5 月，创始人是皇族天赐，现拥有《英雄联盟》《和平精英》《QQ 飞车手游》《炉石传说》《守望先锋》《王者荣耀》《PUBG》《DOTA 2》和《火箭联盟》等游戏分部。

《英雄联盟》分部在 2018 年夺得 LPL 春季赛冠军、MSI 季中邀请赛冠军、德玛西亚杯夏季赛冠军以及 2018 年 LPL 夏季赛冠军，在 2019 年获得 LPL 夏季赛亚军和德玛西亚杯冠军。《王者荣耀》分部在 2019 年 KPL 春季赛上获得亚军。

电子竞技职业选手在俱乐部中体现了自身的价值，而俱乐部为选手提供各种所需的帮助。通过了解俱乐部的成绩波动和商业规划发展，大众可以了解推动电竞产业链的主要因素，并全方位地认识选手和俱乐部的未来发展趋势；同时，大众也更容易分析我国电子经济主要力量的现状，为其今后的发展积累经验。

3.7.3 外国著名电子竞技俱乐部

对比国内外电子竞技俱乐部的发展模式，有相同之处，同时也存在差异性。相同之处在于国内外的俱乐部都是由玩家公会发展而来，不同之处在于二者间的训练模式。

国内俱乐部对选手们进行集体训练，并且将选手的训练和日常生活框定在一个空间，选手们不仅需要在竞技方面进行磨合，也要在生活习性方面进行磨合，以便更好地了解和习惯彼此。而国外的俱乐部则属于线上俱乐部，外国人比较注重个人隐私，不喜欢干涉他人生活，同时也不希望自己的生活被干预，所以选手们都是通过网络进行沟通交流。

国外俱乐部按照地区进行分类，包括欧美地区和东南亚地区，接下来重点介绍欧美地区和东南亚地区的著名俱乐部。

1. 欧美地区

在欧美地区，《雷神之锤》《反恐精英》和《星际战队》等游戏最早开始组织俱乐部。由于地域不相连，欧美地区也可分为欧洲和北美两部分，每个地区都有极具代表性的俱乐部。

（1）Fnatic（欧洲）

Fnatic是一支瑞典战队，于2011年3月成立，总部位于英国伦敦，是世界著名的《反恐精英：全球攻势》战队之一。Fnatic俱乐部在成立后不断发展壮大，最终成为能够在全球各大赛事中保持前三名的优秀战队。

目前，Fnatic旗下主要拥有《反恐精英：全球攻势》《DOTA 2》《英雄联盟》《使命召唤4》《星际争霸Ⅱ》《HON》《使命召唤》（XBOX）和《光环》（XBOX）等电子竞技项目。

（2）SK GAMING（欧洲）

SK GAMING（原名Schroet Kommando），是起源于德国的职业电竞组织，成立于1997年。因为战队在FPS游戏上面拥有很强的竞争性和无与伦比的阵容，这支战队被公认为最成功的电子竞技战队之一。

（3）Cloud9（北美）

Cloud9是北美地区最强的电子竞技俱乐部之一，目前旗下有《英雄联盟》《反恐精英：全球攻势》和《守望先锋》等多个电竞分部，并且各个分部在各项重大电竞赛事中都有着令人眼前一亮的表现。

2. 东南亚地区

（1）SKTelecom T1

SKTelecom T1（SKT T1）是韩国的一支老牌电子竞技俱乐部，前身是 Boxer 于 2002 年创立的 Orion 战队。除了《星际争霸》项目队伍外，SKT T1 于 2011 年 9 月 22 日成立了《英雄联盟》分部，目前仅拥有 2 支战队。2019 年 2 月 25 日，SKT 官方微博发布消息，正式更名为 T1。

（2）SSG

SSG 俱乐部原名 Samsung Galaxy，是一支建立于 2005 年的韩国电子竞技俱乐部。2017 年 11 月 4 日，SSG 战队 3-0 战胜 SKT 战队，获得 S7 总冠军。2018 年初，战队被 KSV eSports 收购并暂时更名 KSV。同年中旬，战队正式更名 Gen. G esports。

3.8 测试题

单选题

1. 电子竞技赛事的划分标准包括（　　）四项内容。
   A. 赛事影响范围、赛事主办方、赛事项目以及比赛地点
   B. 赛事影响范围、赛事赞助方、赛事项目以及比赛地点
   C. 赛事影响范围、赛事主办方、赛事制度以及比赛地点
   D. 赛事影响范围、赛事主办方、赛事项目以及比赛设备

2. 从组织结构上看，下列选项中的（　　）不属于电子竞技俱乐部的构成人员。
   A. 市场运营人员　　　　　B. 电竞经纪人
   C. 投资人　　　　　　　　D. 后勤保障人员

3. （　　）的优点是掌握宣传渠道与优势资源，缺点则是政策受限及用户

消费习惯未养成。

  A. 单一赞助主导方式   B. 多赞助商赞助方式

  C. 媒体运营方式   D. 内容提供方运营方式

4. 下列选项中对于电子竞技选手转会原因的描述，说法错误的是（ ）。

  A. 寻找新的训练环境和比赛环境

  B. 希望选择综合实力强职业俱乐部

  C. 寻求自身更好的发展前途

  D. 想要选择给予更多自主权利的俱乐部

5. 下列选项中对于电子竞技赛事体系的描述，说法正确的是（ ）。

  A. 官方负责组织并且赛区之间的赛程和赛制相同的全球性顶级赛事，属于足球式联赛体系

  B. 由拳头游戏公司举办的《英雄联盟》全球总决赛就是典型的杯赛体系

  C. 在杯赛体系中，最为常见的杯赛形式为邀请赛

  D. 《守望先锋》联赛是全球首个以邀请赛的形式成功举办的大型电子竞技联赛

简答题

  详细叙述电子竞技赛事和电子竞技俱乐部的概念，并在电子竞技赛事和电子竞技俱乐部二者之间任选一项，详细叙述该选项的全部经营方式。

参考答案：

单选题：ABCDC

模块 4
电子竞技场馆运营与赛事执行

本模块将围绕电子竞技场馆的相关知识展开，包括认识电子竞技场馆的场地设置与设施设备，了解场馆内有哪些岗位以及每个岗位的工作内容，同时还要学习电子竞技的赛事与赛制执行。通过走进电子竞技场馆，了解台前幕后，带领读者进一步认识电子竞技赛事。

❯❯ 能力目标

- 能够准确理解电子竞技场馆的基础知识,并能够分辨场馆中的各类工作岗位;
- 能够熟知电子竞技各类赛制的规则,并能够为电子竞技赛事选用合适赛制。

❯❯ 知识目标

- 了解什么是电子竞技场馆;
- 理解电子竞技场馆的工作内容;
- 掌握电子竞技赛制;
- 明确电子竞技赛事如何执行。

❯❯ 素质目标

- 在了解电子竞技场馆运营与赛事执行的基础上,逐步消除对电子竞技的行业偏见;
- 丰富知识结构,提升专业技能。

4.1 电子竞技场馆基础知识

电子竞技场馆的合理选择是电子竞技赛事正常开展的基础，良好的场馆运营管理是电子竞技赛事顺利开展的保证。因此，熟悉电子竞技场馆的分类及功能、场馆的设施设备、场馆的岗位及工作内容等，可以深入了解电子竞技赛事对场地、设备等相关资源配置的要求，从而更好地理解电子竞技场馆在电子竞技产业中的重要地位。

4.1.1 电子竞技场馆的概念

随着大众消费习惯的改变，除电子竞技俱乐部和赛事外，电子竞技场馆已成为一项新的投资关注点和线下流量入口，电子竞技企业通过布局线下场馆，可以形成线上、线下双向联动的新局面。

电子竞技场馆是指能够进行电子竞技运动训练、电子竞技比赛及相关活动的场地，是电子竞技运动不可或缺的发生场所。

4.1.2 电子竞技场馆的分类及功能

根据场馆环境、人员、设备、安全管理和服务内容等标准，可以将电子竞技场馆分为专业电子竞技场馆和业余电子竞技场馆。

1. 专业电子竞技场馆

大部分的专业电子竞技场馆由传统的体育场馆改造而来。传统体育场馆是为了满足运动训练、运动竞赛以及大众体育消费需求而专门修建的各类运动场所的总称，包括体育场、游泳馆和体育俱乐部等多种类型。

电子竞技作为一项新兴体育项目，其比赛体验形式逐渐由线上演变为线下。对比赛场地的面积和设备有较高需求的电子竞技赛事，可以选择在传统体育场馆临时搭建所需内容，比如 2020 年《英雄联盟》S10 全球总决赛落地上海体育场后，该场馆为了成功举办电子竞技大赛进行了临时搭建。

除了临时搭建或改造的电子竞技场馆外，也有专门用于电子竞技运动训练和比赛的电子竞技场馆，比如上海/成都的 VSPN 电子竞技中心。

> **知识链接**
>
> **英雄体育 VSPN（Versus Programming Network）**
>
> 英雄体育 VSPN 成立于 2016 年，是一家专业的电竞运营商，公司以电竞赛事和泛娱乐内容运营为核心业务，提供品牌营销、艺人经纪、电竞电视和电竞运动场馆运营等综合服务。
>
> 通过与腾讯、英雄互娱等领先游戏厂商的合作，英雄体育 VSPN 拥有赛事的运营权后，不同于以往的被动服务游戏厂商的角色，直接成为了承办方。英雄体育 VSPN 除了获得腾讯电竞运动会（TGA）、英雄联赛（HPL）的独家运营权以外，还承办了首届《王者荣耀》职业联赛（KPL）。

2. 业余电子竞技场馆

业余电子竞技场馆与职业电子竞技场馆相比，专业性要求较低，其主要功能是为业余电子竞技爱好者提供参与电子竞技活动的空间。目前，网咖是业余电子竞技场馆的新形态。

2014 年，原文化部（现文化和旅游部）发布的《文化部关于推动互联网上网服务行业转型升级的意见》中指出，提供上网服务的场所可以组织电子竞技等相关活动，网咖在原有基础上逐渐融入了社交休闲、竞技娱乐和餐饮等功能，逐渐发展成为具备举办小型电子竞技赛事设施的业余电子竞技场馆，还可以提供电子竞技拓展训练和线下观赛服务。

4.1.3 电子竞技场馆的设施设备

电子竞技场馆的设施设备是举办电子竞技赛事需要重点考虑的内容之一，完善的场馆设施不仅可以极大地提高电子竞技赛事的质量，还对能否顺利举办电子竞技赛事有着较大影响。

目前电竞产业中庞大的用户群体预示着未来电子竞技市场的发展潜力巨大，在此背景下，如何保证电子竞技产业健康有序地发展，成为相关部门与电子竞技企业急需正视的问题。

2018年8月，由中国互联网上网服务行业协会提出和联盟电竞牵头起草的《电子竞技场馆运营服务规范》中，规定了电子竞技场馆运营的基本要求、服务设施设备、服务环境、人员要求、服务内容、安全管理、服务质量评价与改进措施八个方面。此标准的出台为电子竞技场馆的标准化运营与发展奠定了良好基础。

依据《电子竞技场馆运营服务规范》中的服务设施设备内容，电子竞技场馆的设施设备主要包括以下几方面：

1. 信息展示和咨询设施设备

信息展示和咨询设施设备包含海报、台卡和前台电话等。海报和台卡可以提供包括商品促销、电子竞技赛事宣传、活动信息和场馆通知等相关信息服务；前台电话负责电话接听、来访人员接待以及提供咨询、预约和投诉等服务。

2. 前台服务设施设备

前台服务设施设备主要包含电子显示屏、收银机、扫码收款机、二维码和文具等，图4-1所示为收银机和收款机。

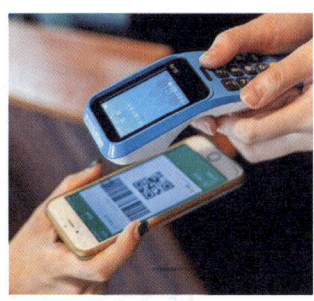

图4-1　收银机和扫码收款机

电子显示屏可以为消费者提供包括收费标准、新品推介及促销活动等内容；收银机用于票务、信函和快递等相关物品的收费结算；扫码收款机和二维码提供支付服务；文具则包括纸、笔和便笺纸等物品，为消费者提供便捷的记录途径。

3. 休闲餐饮服务设施设备

电子竞技场馆运营方需要为顾客在场馆休闲及等候时提供良好的环境——休闲水吧。

休闲水吧必须包含吧台的操作台、便捷座椅和即时的饮料与食物等相关设施设备。一些电子竞技馆的休闲环境还提供厨房和阅览区。厨房包含操作台、水池、净水设备、制冰机、开水机、冷藏柜及蛋糕柜等相关设施设备；阅览区包括方便顾客等候和享用餐饮的桌椅及沙发、放置书刊报纸的书报架、饮水机以及免费的无线网络等。

4. 上网娱乐服务设施设备

电子竞技场馆应为用户提供上网的场所，其设施设备包括计算机、鼠标、键盘、电子竞技桌椅、供人休息和观战的沙发等。

5. 比赛服务设施设备

具备举办电子竞技比赛能力的场馆应设置比赛区，比赛区的服务设施设备包含选手对战区的上网物品以及放置设备的桌椅、用于显示比赛实况和电子竞技赛事信息的观赛大屏。

比赛区的设施设备还包括摄影区的灯光和音响，用于调节现场气氛。比赛区的设施设备也少不了观众席的活动座椅和固定座椅。另外还有解说间中的工作用品，包括观看比赛的计算机、远红外高清摄像头、监听耳塞、麦克风、摄影机和面光灯等设备。

比赛区中的导播室主要用于摄影和转播比赛画面等，导播室所需的设施设备包括 4K 讯道摄像机、OB（observer，观察员）导播间设备、光纤传输系统、通话系统、导播切换台控制面板、音频、网络设备、在线图文包装、慢动作设备以及调色系统等，如图 4-2 所示。

图 4-2　导播室的设施设备

知识链接

比赛区的其他设施设备

化妆间是职业选手和解说等台前人员整理着装和修饰面部的区域,需要配备立式镜子、化妆台和换衣间等相关设施设备;新闻媒体区是媒体人员进行新闻收集、新闻编辑、网页宣传和媒体专访的场所,应配置桌椅、麦克风、摄像机、纸和笔等设备;休息室则需要配置沙发、桌椅以及 LED 液晶电视;选手训练室也需配置计算机、液晶电视以及白板等设备;医务室配置体检设备、急救设备及相关常用药物。

6. 互动体验服务设施设备

具有充足空间的电子竞技场馆可设置互动体验区。一般情况下,互动体验区的服务设施设备主要包括计算机电子竞技和移动电子竞技的设备,还包括街机、娃娃机、桌游、迷你歌咏亭、飞镖、台球、射箭以及保龄球等游戏游艺项目设施。图 4-3 所示为体验区中的娃娃机和迷你歌咏亭。

图 4-3 娃娃机和迷你歌咏亭

互动体验区还可以为消费者提供 VR 体验区,包括体感电子竞技、VR 电子竞技以及 3D 观影等体验项目设施。

现场活动区提供 cosplay 展示和拍照等服务设施设备;周边展示区

提供招商展示和衍生品交易等服务设施设备，图 4-4 所示为电子竞技周边展示区及衍生品。

图 4-4　电子竞技周边展示区及衍生品

7. 运营管理设施设备

办公室可以作为场馆管理、电子竞技赛事控制及场地服务的场所，其主要配置办公桌椅、计算机、电话、纸、笔、打印机和复印机等设施设备。

会议室可以作为会议商讨和合作洽谈的场所，主要配置会议长桌、沙发、液晶电视和白板等设施设备。

设备间包括灯光控制、消防控制和变配电室等；库房用于存放设备器材等。图 4-5 所示为电子竞技办公室与会议室内的设施设备。

图 4-5　电子竞技办公室与会议室内的设施设备

8. 公共卫生间

电子竞技场馆应设置公共卫生间，并及时维护清洁，保证其环境卫生。

9. 公共标识设置

电子竞技场馆应提供风格统一、便于识别、布局连续的引导性、警示性以及告知性等标识，为顾客提供服务引导和提示，图4-6所示为两组电子竞技公共标识。

图4-6　电子竞技公共标识

4.1.4　电子竞技场馆的建设标准

2017年6月1日，中国体育场馆协会发布了国内首个《电子竞技场馆建设标准》文件。在此之前，我国对于专门举行电子竞技比赛的场馆并无明确建设规定。

该标准是国内外电子竞技场馆建设的首个团体标准，它包括分级、选址、设计、功能区分、用房配置、附属设施设备配置、软件系统和智能化系统等十个部分，为电子竞技场馆建设提供了系统参照，这标志着电子竞技场馆建设"标准化时代"即将到来。

在《电子竞技场馆建设标准》中，按照电子竞技赛事的级别、用途和建筑面积等指标对电子竞技场馆进行了分类，如表4-1所示。

表 4-1　电子竞技场馆分级依据与标准

等级	主要用途	建筑面积 /m²	赛区净高 /m	座位数/个 内场	座位数/个 外场
A 级	举办国际级电竞比赛	>5 000	>8	>500	>1 500
B 级	举办国家级和单项国际性电竞比赛	3 000～5 000（含 5 000）	>6	300～500（含 500）	1 000～1 500（含 1 500）
C 级	举办地区性和单项全国性电竞比赛	1 000～3 000（含 3 000）	>4	300～500（含 500）	
D 级	承载训练功能及电子竞技赛事选拔功能	500～1 000（含 1 000）	根据实际需要	≤300	

知识链接

区分内、外场座位

内场座位是指活动座位，外场座位是指固定座位。

根据举办不同等级的电子竞技赛事，也可将电子竞技场馆的建设标准分为四个级别：举办国际级别电子竞技赛事场馆建设标准、举办国家级别电子竞技赛事场馆建设标准、举办地区级别电子竞技赛事场馆建设标准和举办选拔性电子竞技赛事场馆建设标准。这与表 4-1《电子竞技场馆分级依据与标准》中的 A、B、C、D 级电子竞技场馆相对应。

4.2　电子竞技场馆工作岗位

接下来为读者详细介绍电子竞技场馆内的各个工作岗位，通过学习不同工作岗位的工作内容，读者可以更加充分和全面地了解电子竞技场馆和电子竞技赛事。

4.2.1 电子竞技场馆管理人员

电子竞技场馆需要专门的运营与管理人员，通过制定一系列规章制度和服务操作流程，规定各级管理人员和员工的职责。

同时，各级管理人员拥有监督职责，而每个员工都应贯彻执行服务或操作流程。电子竞技场馆的管理人员需要具备敏锐的判断能力和较强的运作把控能力。电子竞技场馆管理人员的工作内容主要包括以下四项：

（1）制定电子竞技场馆的战略发展规划、年度经营计划和预算、绩效管理方案等，并认真监督实行以实现年度目标；

（2）定期调研国内及国外市场，同时分析场馆经营数据，不断完善运营方案；

（3）负责电子竞技场馆内的总体管控及协调，合理分配和利用各项资源，参与制定服务及应急预案；

（4）负责监测各场馆运营指标，了解各项管理工作的开展及进展，对电子竞技场馆运营成本进行控制。

4.2.2 场地制片人员

场地制片人员主要负责赛事现场环境以及赛事流程的维护。一般情况下，场地制片人员应有承办其他大型赛事的场地制片经验，并掌握场馆的相关信息和资源。场地制片人员的工作内容主要包括以下三项：

（1）根据赛事需求，寻求满足条件的电子竞技赛事场馆；

（2）负责电子竞技场馆道具和器材等设备的采购和管理；

（3）按照《大型群众性活动安全管理条例》，完成电子竞技场馆的消防和公安报批。

知识链接

大型群众性活动安全工作方案包含的内容

① 明确活动的时间、地点、内容及组织方式；
② 确保安全工作人员的数量、任务分配和识别标志；
③ 安排活动场所消防安全措施；
④ 明确活动场所可容纳的人员数量以及活动预计参加人数；
⑤ 确保治安缓冲区域的设定及其标识；
⑥ 安排入场人员的票证查验和安全检查措施；
⑦ 安排车辆停放、疏导措施；
⑧ 安排现场秩序维护、人员疏导措施；
⑨ 确保活动拥有应急救援预案。

4.2.3 游戏主播

游戏主播是参与一系列策划、编辑、录制、制作和观众互动等活动，并由其本人负责主持工作的人员。主播一般需要具有较强的抗压、策划和演讲口才等综合能力，并且熟悉各类主流的电子竞技项目。主播的工作内容主要包括以下五项：

（1）根据公司安排，在指定平台进行电子竞技游戏内容直播；
（2）维护主播间氛围，保持与观众的实时互动；
（3）配合公司完成相关的训练课程及其他演艺工作；
（4）持续努力提高个人才艺、直播技巧以及其他综合素质；
（5）对游戏专区内容进行维护和更新。

4.2.4 其他相关人员

电子竞技场馆中除了管理人员、场地制片人员和游戏主播以外，还有一些其他工作需要专职人员进行处理与维护。

1. **电子竞技赛事专员**

电子竞技赛事专员主要负责职业电子竞技比赛场地的协调以及比赛场地设备的检查。电子竞技赛事专员应具备良好的沟通能力,同时应充分了解比赛设备。电子竞技赛事专员的工作内容主要包括以下两项:

(1)跟进电子竞技选手的赛事环节,并与选手进行对接;

(2)检查比赛场地设备,以确保电子竞技场馆内赛事的顺利进行。

2. **前台**

前台接待人员需要具有良好的职业形象和气质,拥有较好的接待礼仪,并且熟悉行政管理相关的工作流程,同时,也应熟练使用办公自动化设备及软件。电子竞技场馆中前台接待人员的工作内容主要包括以下四项:

(1)快速有效完成结账服务;

(2)为顾客提供咨询和接待服务;

(3)做好现金管理;

(4)做好损耗的预防工作。

3. **网络管理员**

网络管理员主要负责规划、监督和控制使用网络资源。网络管理员需要在网络操作系统、网络数据库、网络设备、网络管理、网络安全和应用开发六个方面具备扎实的理论知识和实践应用技能,从而更好地完成计算机网络的运行和维护。网络管理员的工作内容主要包括以下五项:

(1)确保电子竞技场馆网络通信传输畅通;

(2)掌握主、副设备配置及配置参数变更情况,并备份配置文件;

(3)掌握与外部网络的连接配置,监督网络通信状况;

(4)配合其他部门进行部门局域网络建设,提出规划及相关标准;

(5)配备网络安全漏洞扫描系统,对关键网络服务器采取容灾技术手段。

> **知识链接**
>
> **什么是容灾系统？**
>
> 容灾系统是指在相隔较远的异地，建立两套或多套功能相同的 IT 系统，互相之间可以进行健康状态监视和功能切换。当一处系统因意外（如火灾、地震等）停止工作时，整个应用系统可以切换到另一处，使得该系统功能可以继续正常工作。容灾技术是系统的高可用性技术的一个组成部分，容灾系统更加强调处理外界环境对系统的影响，特别是灾难性事件对整个 IT 节点的影响，提供节点级别的系统恢复功能。

4. 后勤工作人员

后勤工作人员是指为电子竞技赛事的正常运行提供包括物资、运输和卫生等各方面保障的相关人员。电子竞技赛事的后勤工作人员需要具有一定的谈判能力和吃苦耐劳的精神。后勤工作人员的工作内容主要包括以下三项：

（1）主管和维护电子竞技比赛战队的正常运作；

（2）负责处理赛事期间可能发生的紧急事件；

（3）负责赛事场地设施和设备的检查，并与机构、品牌商或其他对市场有影响力的企业保持沟通，争取转换成合作商户。

4.3 电子竞技赛制

为了保证电子竞技赛事可以公平进行，需要根据电子竞技赛事的级别和目的等信息为该赛事制定合适的赛制。常见的电子竞技赛制包括淘汰制、循环制和混合制三种。

4.3.1 淘汰制

淘汰制是指逐步淘汰失败者，胜者按预定比赛表进入下一轮比赛，最后决出冠军的一种比赛形式。

淘汰制包括 BO1、BO3、BO5 和 BO9 等比赛形式。BO1 是 Best of 1 Game 的缩写，意为一局定胜负。BO 是 Best of 的缩写，可翻译为单败制。BO3 是 Best of 3 Games 的缩写，意为总场次为 3 场的三局两胜制。BO5 是 Best of 5 Games 的缩写，意为五局三胜制。图 4-7 所示为采用淘汰制的 KPL 常规赛和季后赛的赛制详解。

图 4-7　采用淘汰赛制的 KPL 常规赛和季后赛赛制详解

淘汰制可分为单败赛和双败赛两种形式，单败赛失利 1 场即出局无缘冠军。而双败赛设有败者组，获得败者组冠军则还有一定的机会争夺总冠军。图 4-8 所示为八强淘汰赛双败制赛程。

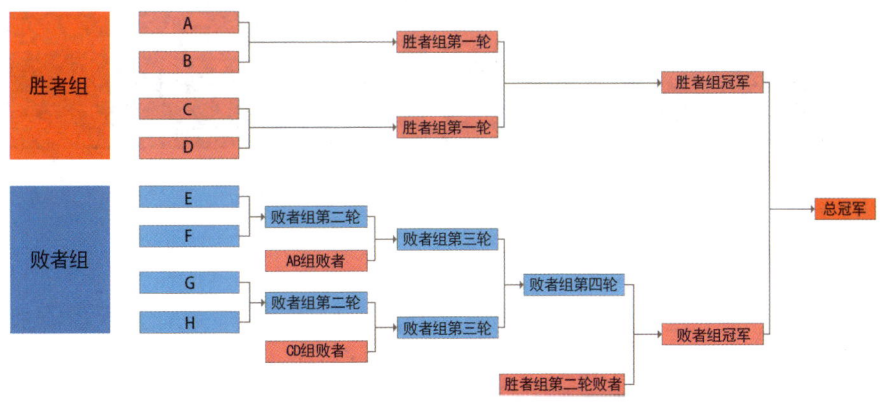

图 4-8　八强淘汰赛双败制赛程

> **知识链接**
>
> **淘汰制的优点**
>
> 淘汰制可以在最短的时间内和最少的场地条件下,让大量选手进行比赛。由于淘汰制给予的比赛机会少,所以战队对于每场比赛都会全力以赴,这加大了比赛的对抗性。一般情况下,电竞比赛的八强赛、四强赛、半决赛和决赛等都采用淘汰制。

4.3.2 循环制

1. 循环制的类型

循环制是参赛队伍按一定顺序与其他队逐一比赛,再按全部比赛的胜负计算各队得分,并确定名次。循环制包括单循环制、双循环制和分组循环制三种形式。图4-9所示为2019LPL春季赛部分赛程安排。

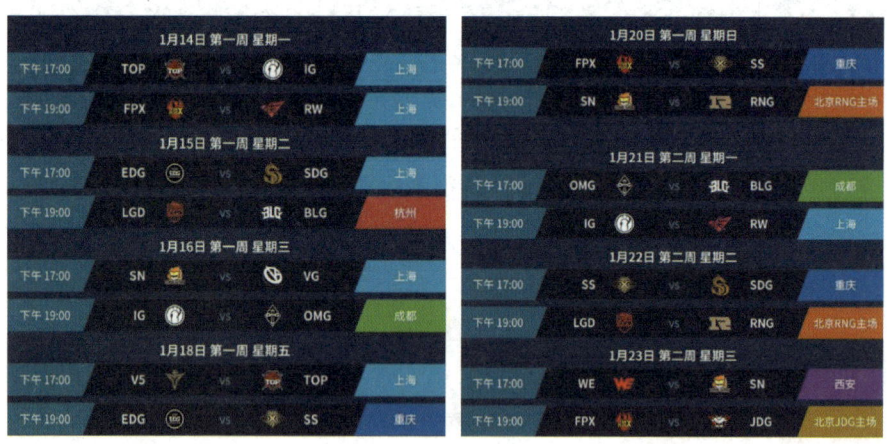

图4-9 2019LPL春季赛部分赛程安排

(1) 单循环制

单循环制是参加比赛的战队逐一与其他战队进行一场比赛,所有战队在赛程中均能相遇一次。所有比赛完成后,按各个战队在全部比赛中的积分和得失分率排列名次。

（2）双循环制

双循环制是参加比赛的战队逐一与其他战队进行两场比赛，所有战队在赛程中均能相遇两次。所有比赛完成后，按各个战队在两个循环的全部比赛中的积分和得失分率排列名次。

双循环比赛的轮次、场次以及比赛时间，均是单循环比赛的两倍。

（3）分组循环制

分组循环制是将所有参加比赛的战队分成若干个小组，各个小组内队伍进行第一阶段的单循环预赛。预赛完成后，每组的优胜队伍再次进行第二阶段的决赛，决赛完成后，排列冠军及以下的名次。

2. 循环制的优点

循环制为参赛者提供多次比赛和锻炼的机会，使各个参赛者在循环制中能够相互学习，共同提高游戏水平。由于循环制的比赛场次较多，因此可以公平、合理地确定参赛队伍的名次。但是，由于比赛场次较多，它需要占用参赛者的大量时间，并且长时间租借比赛场地。

电子竞技比赛中，小组赛和选拔赛会采取循环制。

知识链接

瑞士制也是一种赛制，但不属于循环赛制

瑞士制又被称为积分循环制，虽然积分循环制的名称与分组循环制具有高度相似性，但是需要注意，瑞士制与循环制赛制区别较大，常被用于中国象棋、围棋、五子棋和军旗等棋类竞赛项目。用户在之后的电子竞技赛事工作中，需要注意区分分组循环赛制和积分循环赛制的使用。

4.3.3 混合制

1. 混合制的类型

混合制是在比赛中先后使用淘汰制与循环制两种赛制，由此决出该比赛的各个名次。一般情况下，混合制是先使用循环制，后使用淘汰制。表4-2所示为2019LPL季中冠军赛MSI的赛制信息。

表 4-2　2019LPL 季中冠军赛 MSI 的赛制信息

比赛名称	赛制		晋级条件	
	第一轮	第二轮	第一轮	第二轮
入围赛	8 支队伍分为两组；双循环 BO1	LMS 和北美战队抽签对决第一轮晋级战队；BO5 双败制	小组第一名晋级入围赛第二轮	前三名晋级小组赛
小组赛	6 支队伍（LPL、LCK 和 LEC 赛区 3 支战队，以及入围赛晋级的战队）；双循环 BO1		前四名晋级淘汰赛	
淘汰赛	BO5 单败制		小组赛第一名挑选小组赛第三或第四名进行对战，第二名与剩余队伍进行对战	

> **知识链接**
>
> **2019LPL 季中冠军赛 MSI 的赛程补充信息**
>
> 大赛的参加队伍包括中国赛区的 IG、韩国赛区的 SKT、欧洲赛区的 G2、LMS 赛区的 FW、北美赛区的 TL、日本赛区的 DFM、大洋洲赛区的 BMR、土耳其赛区的 FB、越南赛区的 PVB、巴西赛区的 INTZ、独联体赛区的 VEG、拉丁美洲赛区的 ISG 和东南亚赛区的 MEGA 13 支战队。
>
> 比赛分为入围赛、小组赛和淘汰赛三个阶段。
>
> 注：2020 年 LPL 季中冠军赛因新冠肺炎疫情取消，所以以 2019 年的赛制为例。

2. 混合制的优点

混合制综合了淘汰制与循环制的优点，同时弥补了两者的不足。它既有利于参赛者相互交流与切磋学习，也可以最大限度地减少比赛胜负的偶然性。同时，随着比赛进程的推进，也可以激发参赛战队的热情。

一般情况下，使用混合制的体育竞赛会将比赛分为两个阶段。第一阶段通过"分组循环赛"得到晋级名单，第二阶段则通过"淘汰赛"决出比赛的最终名次。

目前的大多数电竞职业比赛都通过混合制的形式完成比赛。

4.4 电子竞技赛事执行

电子竞技赛事执行主要分为四个阶段，包括前期筹备、现场执行、后勤管理和现场突发事件管理。

4.4.1 前期筹备

在电子竞技赛事的前期筹备阶段，工作人员需要完成项目管理、申办电子竞技赛事、制定电子竞技赛事执行时间表和制定物料需求表等工作内容。

1. 项目管理

项目管理是在项目活动中运用知识、技能、工具和技术实现项目要求的活动。电子竞技赛事的执行过程也是对电子竞技赛事这个项目的管理过程，包括范围、时间、成本和质量等方面。

2. 申办电子竞技赛事

申办电子竞技赛事是指当电子竞技赛事在线下举行并且参与的人数较多时，需要向公安部门申请，通过公安部门的受理、审核、复核、审定和告知五个审批程序，可以得到是否允许举办电子竞技赛事的准确答复。公安部门允许举办，电子竞技赛事方可开始筹办。

3. 制定电子竞技赛事执行时间表

电子竞技赛事执行时间表可以跟踪项目的实施情况，此表是掌握各个部门工作进度的重要途径。电子竞技赛事执行时间表包含电子竞技赛事筹备期、宣传期、实施期以及赛后评价期的具体时间和进度安排等信息。

4. 制定物料需求表

设计部门和采购方根据电子竞技赛事运营方的赛事需求设计并制定的表格，被称为物料需求表。物料需求表主要有两种操作方式：一是由设计部门制定后再由采购方完成采购；二是采购方直接进行采购。

4.4.2 现场执行

电子竞技赛事现场执行主要是对电子竞技赛事现场执行流程的监督与管理，防止现场活动中突发事件的发生，保证赛事的顺利运行。

赛事执行人员负责赛事现场中的执行构成。赛事执行构成主要包括如图 4-10 所示的三大项目管理工作。

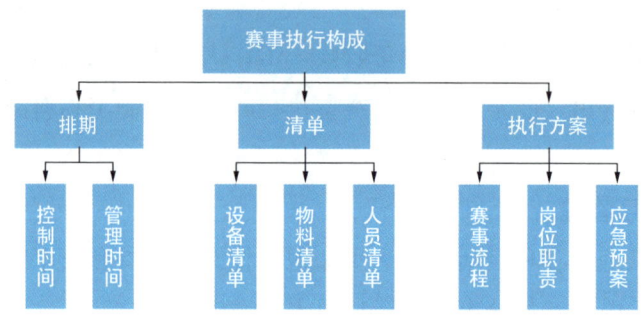

图 4-10　赛事执行构成图

1. 排期

排期是指在电子竞技赛事期间对各个活动的时间管理和控制。赛事工作人员根据赛程和赛制等信息，对电子竞技比赛中各阶段比赛内容做出时间安排，并加以控制。一般情况下，工作人员通常以甘特图的方式显示排期。图 4-11 所示为 WCA2017-18 赛季全球总决赛的排期。

图 4-11　WCA2017-18 赛季全球总决赛的排期

2. 清单

清单是指详细记载项目各项条目的单据。电子竞技赛事的清单主要包括设备清单、物料清单和人员清单三种类型。表4-3所示为电子竞技赛事人员的示范清单。

表4-3 电子竞技赛事人员的示范清单

姓名	所属部门	岗位	职责	联系方式

3. 执行方案

执行方案在赛事现场执行过程中起总的指导作用。执行方案是电子竞技企业内部制定的、对电子竞技赛事的赛事流程、岗位职责、应急预案等进行规划的方案。在前期的策划方案中，其更多的是体现企业的想法和创意，没有明确的内容，但执行方案必须要有明确的、可操作的具体内容。

（1）赛事流程

工作人员需要在赛事筹备阶段为电子竞技赛事制定流程。每场电子竞技赛事在规模和级别等方面会有不同的要求，根据体育赛事的流程划分方式，将电子竞技赛事流程分为如图4-12所示的三个阶段。

图4-12 电子竞技赛事流程

首先，赛事启动阶段标志着电子竞技赛事的正式开始，此阶段包括人员入场和开幕式两部分。

人员入场主要是指赛事现场布置完毕后，引导观众和选手从指定通道安全、有序入场的过程。在电子竞技赛事中，观众入场的方式主要包括免费观赛、持证/签到观赛和凭票观赛三种。

开幕式是电子竞技赛事的重要环节，除了基本的礼仪之外，开幕式还有与电子竞技主题相关的艺术表演。整个舞台、道具和服饰的设计都将适当增加电子竞技的元素，以提升电子竞技的感染力和影响力。

其次，赛事启动阶段完成后，进入赛事组织阶段。赛事组织阶段主要包括赛程安排和对战赛制。表 4-4 所示为《英雄联盟》S10 的部分赛程安排。

表 4-4 《英雄联盟》S10 的部分赛程安排

赛程	赛制	时间	对阵
A 组小组赛		13：20—13：27	A1—A2
A 组小组赛		13：34—13：41	A1—A3
A 组小组赛		13：48—13：55	A3—A2
A 组小组赛		14：02—14：09	A2—A5
A 组小组赛		14：16—14：23	A3—A4
中场休息		14：30—14：35	
A 组小组赛		14：35—14：42	A1—A5
A 组小组赛		14：49—14：56	A4—A1
A 组小组赛		15：03—15：10	A2—A4
A 组小组赛		15：17—15：24	A3—A5
A 组小组赛	BO1 A、B 两组穿插同时开打	15：31—15：38	A4—A5
B 组小组赛		13：27—13：34	B1—B2
B 组小组赛		13：41—13：48	B1—B3
B 组小组赛		13：55—14：02	B3—B2
B 组小组赛		14：09—14：16	B2—B5
B 组小组赛		14：23—14：30	B3—B4
中场休息		14：30—14：35	
B 组小组赛		14：42—14：49	B1—B5
B 组小组赛		14：56—15：05	B4—B1
B 组小组赛		15：10—15：17	B2—B4
B 组小组赛		15：24—15：31	B3—B5
B 组小组赛		15：38—15：45	B4—B5

(续表)

胜者组			
胜者组第一轮第一场	BO3	15：55—16：16	选手1—选手2
胜者组第一轮第二场		16：16—16：37	选手3—选手4
胜者组决赛		16：37—16：58	选手1—选手3
败者组			
败者组第一轮第一场	BO3	17：08—17：29	选手5—选手6
败者组第一轮第二场		17：29—17：50	选手7—选手8
败者组第二轮第一场		17：50—18：11	选手2—选手5
败者组第二轮第二场		18：11—18：32	选手4—选手7
中场休息		18：32—18：53	
败者组第三轮第一场		18：53—19：14	选手5—选手4
败者组第三轮第二场		19：14—19：35	选手2—选手7
胜者组决赛		19：35—19：56	选手3—选手5
总决赛			
总决赛	BO5	20：06—20：41	选手1—选手3

赛程是指电子竞技赛事时间和比赛场次的安排。其要明确说明比赛的日期、时间、地点、赛事介绍、组织结构、邀请比赛项目、选拔组比赛项目、裁判、举办流程和奖励办法等事项。

赛制是关于比赛的规则和具体安排，比如通过循环制或淘汰制等方式完成比赛。

最后，在电子竞技赛事的比赛过程中，相关工作人员必须做好赛事维护工作。赛事维护工作主要包括秩序维护和进程督导。

（2）岗位职责

电子竞技赛事的工作流程衔接紧密，需要各岗位工作人员的密切配合。赛事执行人员主要分为导演类、策划类、执行类和技术类四种类型，各类工作人员都有具体的岗位职责。

（3）应急预案

应急预案是指面对突发事件（如自然灾害、重特大事故、环境公害及人为破坏）的应急管理、指挥和救援计划，制定应急预案是电子竞技赛事稳定安全运行的保障。

4.4.3　后勤管理

电子竞技赛事执行中的后勤管理，主要工作是为电子竞技赛事的工作人员、职业电子竞技选手、嘉宾、观众等赛事参与人员提供安保、医疗、交通和接待服务。

1. 安保服务

平安稳定是电子竞技赛事成功举办的前提，电子竞技场馆的安全保卫是大型电子竞技赛事中最重要的环节之一。电子竞技赛事安保服务主要包括人员安全、活动安全、赛场安全、物资安全以及食品安全。

2. 医疗服务

医疗服务主要包括常见病治疗、损伤治疗和现场救护。

医疗救护组对于不同类型、不同规模和不同程度的突发事件都应该备有相对应的紧急医疗救援预案。紧急医疗救援预案包括人员的调配、车辆的调度和救护医院的接收等，确保在发生意外事故时能够实施有效的救治或者转诊。

3. 交通服务

有效的交通服务不仅是大型电子竞技赛事正常举办的保障，同时也是提升赛事举办地居民对电子竞技印象的有效途径。

在电子竞技赛事举办之前，电子竞技赛事主办方可以事先建立相应的交通预案。同时，在电子竞技赛事举办期间对预案进行科学的组织和实施，以便高效地完成电子竞技赛事的相关交通运输工作。

4. 接待服务

接待服务是指为参与电子竞技赛事的相关人员提供住宿、餐饮和交通等一系列服务。

电子竞技赛事主办方应对接待酒店的环境、迎送、入住、客房、餐饮、要客和安保等各环节的服务制定规范标准，确保参与电子竞技赛事人员的住宿接待能够安全、有序地进行。

4.4.4 突发事件管理

电子竞技赛事执行中的现场突发事件管理主要分为事前防范、事中监督和事后处理三个阶段。

首先，应急预案是为防范意外情况发生而制定的方案，但事前防范是防止事故发生的根本。因此，赛事举办方应对可能发生的突发事件进行预防，并制定突发事件应急方案，在突发事件发生之前最大限度降低成本损失和人员伤害。

其次，在电子竞技赛事举办过程中，相关工作人员应时刻关注比赛场馆内的变化，做好工作人员的任务分配，建立实时监控和预警系统，保障信息畅通。一旦发现紧急情况，工作人员应立即根据应急预案采取有效措施。

最后，在电子竞技赛事比赛过程中，如果正在发生或已经发生意外事故，工作人员应及时向相关部门汇报，并维护好现场秩序，引导现场人员有序退场。同时，工作组应及时启动应急预案，在比赛现场进行调查和处理。事后，工作人员应针对事故的具体情况做出总结，做好事故的备案工作。

4.5 模块小结

本模块主要介绍电子竞技场馆运营与赛事执行的相关知识，包括电子竞技场馆的基础知识、电子竞技场馆的工作岗位、电子竞技的赛制和电子竞技赛事执行等内容。通过学习本模块的知识点，读者可以逐渐加深对电子竞技场馆和赛事执行的了解，为之后的学习和工作奠定基础。

4.6 拓展阅读

中国电竞生态一直在建立与完善之中，相关政策的实施，行业内部的完善，都标志着中国电竞行业越来越健康蓬勃的发展。

伽马数据发布的《2018年电子竞技产业报告》显示，中国电子竞技产业高速增长，2018年市场规模逾880亿元人民币。电竞用户规模达到2.6亿人，几乎占到全国总人口的20%。2021年，伽马数据发布的《2021年中国游戏产业报告》显示，2021年中国电子竞技游戏市场实际销售收入达1 401.81亿元，电竞用户规模达到4.89亿人。

电竞正成为一项新的投资热点，除了投资电竞俱乐部、承办赛事外，电竞馆的建设投资也风生水起，甚至多地已经设置电竞小镇的开发。同时许多城市也组织召开研讨会议，探索电子竞技场馆建设的事宜。根据中国互联网上网服务行业协会不完全统计，目前，我国已有近千家电竞馆。

图 4-14 2017 年西部电竞场馆创新峰会现场

目前，电竞馆的商业业态犹如小型乐园。在天津电竞馆，可以看到其中的商业内容，除了可以承纳电竞赛事、电竞训练，私密的包厢上网等服务外，还包括了饮食售卖、射击、影院、抓娃娃机、投币式游戏机等众多项目。

4.6.1　设计未来的电子竞技场馆

电子竞技场馆的创新一直在路上，同时因为电子游戏的技术本质，电子竞技场馆的革新往往充满科技感、现代感，更充满了想象力。未来的电子竞技场馆会是怎样的面貌，也一直是这个行业的热门话题。

2019年，全球性设计公司贺克（Hellmuth Obtat Kassabaum，HOK）与软件公司思爱普（Systems，Applications & Products in Data Processing，SAP）发布了一份研究报告——《HOK与SAP发表关于设计未来电子竞技场馆的报告》（以下简称《报告》），探讨了电子竞技场馆的未来设计。

《报告》中称，2019年，已有超过4.5亿人观看电子体育赛事，使其成为全球体育与娱乐业内增长最快的行业之一。《报告》探讨了推动这一爆炸性增长的因素、独特的观众群以及未来电子竞技场馆与传统体育设施间的区别。

《报告》中探讨的主要设计特征包括：非传统的座席；沉浸式环境；几何结构和空间结构的重新构思；更多的亲密感；高科技技术与建筑环境的融合；享受更好服务的体验。

历史上，专门建造的场馆对在文化和社区中建立一项体育运动文化有着重大影响。该报告的合著者Nuro Guerreiro（HOK建筑师）认为"由于这些活动的持续时间和技术要求，电子竞技拥有寻求更多互动体验的独特的观众群。建筑师与设计师可以对传统体育运动和娱乐环境的各个方面重新进行思考——从建筑的位置、类型到场馆内的座位。"

电子竞技产业的增长速度快于其他娱乐行业。用户看到SAP的技术解决方案有无限的机会影响整个价值链——从发行人到主办方再到体育场馆。

Federico Winer（SAP娱乐产业负责人）认为"我们正处于智能企

业时代，企业需要把数据转化为洞察力，为内部和外部涉众提供最佳体验。这些针对电子竞技场馆未来的设计解决方案展示了先进技术与创造性建筑环境解决方案的结合将如何激发创新和数字化转型。"

4.6.2 电竞品牌"联盟电竞"

联盟电竞（Allied esports）成立于2016年3月23日，是由国内多家大型游戏、体育和娱乐公司共同投资组成的电竞企业。其通过布局全球电竞场馆枢纽，以线下场馆为依托，结合自有IP赛事、内容制作和发行的优势，以"内容+场景"的电竞生态模式，打造全球电竞体育品牌。

为了真正从体育角度发展电竞产业，联盟电竞公司使用主流体育赛事的联赛模式开展电竞赛事。表4-5所示为2016—2020年联盟电竞公司的大事件。

表4-5 2016—2020年联盟电竞公司的大事件

时间	活动名称
2016年	3月23日，联盟电竞正式成立
	投资Esports Arena在北美的全新电竞场馆
	成立ELCGaming并启动Big Betty（电竞大篷车）项目
	Big Betty亮相科隆国际游戏展
	网鱼电竞杯《守望先锋》争霸赛
	在德国启动系列电竞赛事——联盟电竞超级明星赛（Esport Superstars）
	与中国电子市场行业领军企业深赛格达成战略合作
2017年	3月25—26日，举办"贵安电竞嘉年华"
	6月21日，承办暴雪官方赛事——《守望先锋》公开争霸赛
	携手美高梅国际酒店集团宣布将共同在拉斯维加斯卢克索酒店打造电竞馆
	与完美世界签订战略合作协议
	联盟电竞赛格电竞馆（深圳）开业
	举办传奇系列赛（Legend Series）《CS：GO》
	举办2017Esport Superstars《炉石传说》

(续表)

时间	活动名称
2018年	与LGD俱乐部共同打造LPL赛事杭州主场馆——联盟电竞杭州馆
	联盟电竞天津馆正式营业
	由联盟电竞牵头起草、中国互联网上网服务行业协会提出并归口的国内首部《电子竞技场馆运营服务规范》在联盟电竞天津馆正式发布
	举办2018Esport Superstars《炉石传说》
2019年	LGD联盟电竞馆（杭州）开业
	签署《粤港澳大湾区电竞文创产业中心战略合作协议》
	获中国文化娱乐行业协会颁发的2018年度中国电子竞技行业"优秀电竞潜力机构"称号
	获由中国互联网上网服务行业专刊——《中国上网服务》评选的"年度行业榜样企业"称号
	企鹅体育正式授牌联盟电竞和完美世界教育为"顶级合作伙伴"
	联盟电竞成为全国体育运动学校联合会青少年科技体育委员会专家组委员

4.6.3 电竞运营商VSPN

英雄体育VSPN是一家以电竞赛事和泛娱乐内容运营为核心业务，提供电竞商业化、艺人经纪、电竞电视、电竞场馆等综合服务的电竞运营商。

通过与腾讯、英雄互娱等领先游戏厂商的合作，英雄体育VSPN直接拥有赛事的运营权，有别于以往的被动服务于游戏厂商的承办方。同时，英雄体育承接了大量赛事的承办和运营，表4-6所示为英雄体育承接的电子竞技赛事。

表4-6 英雄体育承接的电子竞技赛事

赛事类别	赛事
MOBA类游戏赛事	《王者荣耀》职业联赛（KPL）
	《王者荣耀》冠军杯
	《英雄联盟》德玛西亚杯

（续表）

赛事类别	赛事
FPS 类游戏赛事	PUBG CHINA PRO INVITATIONAL（PCPI）
	《守望先锋》单挑王（黑百合篇）
	《守望先锋》单挑王（源氏篇）
	《穿越火线》职业联盟电视联赛（CFPL）
FPS 类游戏赛事	《穿越火线：枪战王者》职业联赛（CFML）
	首届《穿越火线：枪战王者》超级联赛（CFMSL）
	《穿越火线》世界总决赛（CFS）
策略类游戏赛事	《皇室战争》上海锦标赛
	《皇室战争》皇冠锦标赛全球系列赛（CCGS）
	《炉石传说》中欧对抗赛
	《炉石传说》精英实力赛
休闲类游戏赛事	《QQ 飞车手游》S 联赛
	首届《球球大作战》职业联赛（BPL）
体育类游戏赛事	《FIFA Online 3》职业联赛
	CEFL 中国足球电竞联赛
格斗类游戏赛事	格斗类游戏赛事
第三方平台赛事	HPL 英雄联赛
	IGL 国际游戏联盟大赛

表 4-7 所示为英雄体育开发的泛娱乐内容制作。

表 4-7　泛娱乐内容制作

内容名称	描述
《Lying Man》	2015 年起，由战旗 TV 出品的游戏竞技烧脑类真人秀《Lying Man》成为了英雄体育 VSPN 制作的登峰之作。该节目主要邀请数位电竞明星一起进行诸如《狼人杀》《杀人游戏》《德州扑克》等烧脑类的竞技游戏，并以真人秀的形式给观众呈现出一场比拼智慧的、高度紧张刺激的脑力盛宴

(续表)

内容名称	描述
《奔跑吧！脚男》	由网易和暴雪公司出品、英雄体育 VSPN 承制的首档《魔兽世界》真人挑战类节目《奔跑吧！脚男》在暴雪游戏频道播出，引起巨大反响。《奔跑吧！脚男》邀请全国 20 位顶尖《魔兽世界》玩家，组成四支队伍进行史诗钥石地下城的极限降等赛比拼
《我是创始人》	浙江卫视《我是创始人》最后两期特别节目的策划制作团队是英雄体育 VSPN。由腾讯众创空间、海南生态软件园、浙江卫视联手打造的大型创新创业真人秀节目《我是创始人》邀请了英雄体育 VSPN 进行最后两期特别节目的策划与录制，希望将电竞烧脑类真人秀的节目内核导入到传统娱乐真人秀中去

4.7 测试题

单选题

1. 下列电子竞技赛制分类选项中，（　　）不属于循环制。
   A. 单循环制　　　　　　　B. 双循环制
   C. 积分循环制　　　　　　D. 分组循环制

2. 电子竞技赛事执行的前期筹备阶段，说法正确的是（　　）。
   A. 电子竞技赛事的执行过程是对电子竞技赛事项目的筹备过程
   B. 电子竞技赛事的采购方根据赛事运营方的赛事需求，设计并制定的表格被称为物料需求表
   C. 在此阶段，工作人员需要完成项目管理、电子竞技赛事申办、制定电子竞技赛事执行时间表和制定物料需求表等工作内容
   D. 工作人员向公安部门提出举办赛事的申请，公安部门通过受理、审核、审定和告知四个审批程序，给予答复

3. 下列选项中的（　　）不属于电子竞技场馆中的工作人员。
   A. 游戏解说　　　　　　　B. 前台
   C. 电子竞技赛事专员　　　D. 网络管理员

4. 下列选项中对于电子竞技场馆分类及功能的描述，说法错误的是（　　）。

   A. 专业电子竞技场馆可以由传统的体育场馆改造得到

   B. 上海和成都的 VSPN 电子竞技中心是专门用于电子竞技运动训练和比赛的电子竞技场馆

   C. 对比赛场地的面积和设备有较高需要的电子竞技赛事，可以选择在传统体育场馆临时搭建所需内容

   D. 网咖的主要功能是为业余电子竞技爱好者提供参与电子竞技活动的空间

5. 电子竞技赛事执行包括（　　）五项内容。

   A. 前期筹备、现场执行、执行方案、后勤管理和突发事件管理

   B. 前期筹备、赛制赛程、执行方案、后勤管理和突发事件管理

   C. 前期筹备、现场执行、执行方案、设备管理和突发事件管理

   D. 前期筹备、现场执行、执行方案、后勤管理和医疗管理

实操题

分组撰写《电子竞技赛事执行手册》。

步骤 1：与相熟的朋友或同学自由组合，2～3 人为一个小组。

步骤 2：以"《英雄联盟》全市中专学生联赛"为主题讨论该活动的赛制执行具体方案。

步骤 3：小组内分工撰写《电子竞技赛事执行手册》，必须包括电子竞技赛事前期筹备、电子竞技赛事现场执行、电子竞技赛事后勤管理、电子竞技赛事现场突发事件管理四个部分。

步骤 4：在课下完成自己负责的部分，要求排版整齐，图文并茂。

参考答案：

单选题：CCBDA

模块 5
电子竞技赛事内容制作与营销

  本模块将围绕电子竞技赛事内容制作与营销的相关知识点展开叙述，通过了解电子竞技赛事内容制作以及衍生内容制作，学习经济学营销的专业知识，并研究电子竞技行业优秀的营销案例，开拓思维，动手操作，深度把握电子竞技赛事内容制作与营销部分的知识要点。

» 能力目标

- 能够准确理解电子竞技赛事的内容制作；
- 能够全面理解电子竞技赛事营销，并对赛事营销案例进行分析。

» 知识目标

- 了解什么是电子竞技赛事内容制作；
- 了解电子竞技赛事内容制作的相关岗位；
- 了解什么是 OB 和 OB 实务；
- 了解电子竞技营销；
- 掌握电子竞技营销的策略与方法。

» 素质目标

- 在了解电子竞技赛事内容制作的基础上，逐步消除对电子竞技的行业偏见；
- 在了解电子竞技营销的策略与方法后，可以尝试为任一电子竞技赛事撰写营销方案；
- 丰富知识结构，提升专业技能。

5.1 电子竞技赛事内容制作

电子竞技赛事是电子竞技不断发展的产物。除了进行竞技的两个战队以外，赞助商、观众和媒体等利益相关者的出现使得电子竞技行业必须针对赛事情况进行内容制作，提高电子竞技知名度，同时满足各方对电子竞技赛事的需求。

电子竞技赛事的内容制作可以分为主要内容制作、衍生内容制作和数据分析服务三类。

5.1.1 主要内容制作

电子竞技赛事的主要内容制作是指将电子竞技的游戏设计、战队之间的对抗实况、解说员的实时解说表演以及现场的观赛氛围等通过完善的编排、拍摄和设计等技术展现给观众的过程。

1. 游戏设计展示

游戏设计是设计游戏画面和制定游戏规则的过程。出色的游戏设计必须包含能激起玩家通关热情的目标，以及玩家在追求通关目标时做出的有意义的决定，同时通关过程中的重大决定也需要遵循一定的规则。

游戏设计中的具体实现和描述细节（如原画设计、三维模型设计和广告设计等）则需要很多岗位的共同配合才能完成，这些岗位包括游戏策划师、效果图表现师、游戏美术设计师、角色设计师、动画设计师和特效设计师等。

目前，游戏设计主要分为 concept art（概念艺术）和 game design（游戏设计）两个方向。concept art 的重点是增强游戏视觉感，包括人物、场景和道具等设计。

> **知识链接**
>
> **亲身体验游戏的优势**
>
> 在电子竞技游戏设计中，人物形象和道具处于游戏作品中。只有玩家亲身体验游戏时，才能体验丰富多彩的角色魅力和玄妙的场景设计，最终感受电子竞技游戏的趣味性。同时，出色的游戏设计可以更好地留住玩家。

2. 战队对抗实况

电子竞技赛事节目类似于其他电视节目和网络节目，制播同样实行"制、播"分离模式。在电子竞技赛事内容制作过程中，电子竞技游戏和电子竞技选手作为直播对象呈现在观众面前，而电子竞技内容制作方则具有主动的选择权，其负责赛事内容的设计、编排和组合等具体工作。

电子竞技赛事主要内容制作的核心是战队对抗实况。战队对抗实况是指在比赛过程中双方战队的实时对战情况，包括使用的战术、情节的反转、丰富的特效、获得的战绩等。

精彩的战队对抗实况内容可以为观众带来良好的体验，提高赛事的观赏性和观众的满意度。

3. 解说员的解说表演

在电子竞技赛事主要内容的制作过程中，除了游戏中的人物形象、道具使用和场景等设计展示，以及双方战队实时情况的变化之外，赛事解说员的解说表演也是赛事内容制作的重要方面。

解说员的作用主要包括两个方面：一方面是对赛事的战况进行详细解说，使得观众能够更为及时地了解比赛的变化情况；另一方面是电子竞技内容制作方希望通过现场解说提高赛事的娱乐性和趣味性。

在针对解说员的赛事内容制作中，制作方应加强解说员的整体角色塑造，合理调整解说员在动作、语言和神情等方面的镜头拍摄，使其在赛事节目中更加自然地进行赛事解说，同时将精彩的赛事内容完整地传递给观众。

4. 现场观赛氛围

在线下观赛过程中，观众可以置身于比赛现场，获得许多在网络直播观赛模式中难以体会的感受，如其他观众的观赛反应、选手的情绪变化和各种各样的互动环节等。

制作方在进行赛事内容制作时，应对现场观众的欢呼、惊叹和兴奋等情绪变化进行拍摄和取舍，使观众的现场反应和赛事的实时战况相呼应，进而制作出更加形象的电子竞技赛事节目。

5.1.2 衍生内容制作

衍生是指经由某种物质演变而产生的新的物质，包括衍生物、衍生品等。在电子竞技行业中，同样有丰富多彩的衍生品，其一般包括文字、图片、视频、物品等多种形式。

电子竞技衍生品就是以电子竞技游戏、电子竞技赛事和电子竞技战队等主体为原型所开发设计的一系列可供售卖的产品或服务。一般来说，玩偶、服饰和海报等是电竞爱好者愿意接受的初期衍生品。

随着电子竞技行业的发展，其衍生品也逐渐增添了主题餐厅、主题公园和主题酒店等线下新形式。此外，大多数电子竞技企业也在积极探索其他种类的文创产品，如电子竞技的综艺节目、影视作品和音乐等。

> **知识链接**
>
> **电子竞技行业和其衍生品具有双向促进作用**
>
> 电子竞技行业的发展促进了电子竞技衍生品的产生，而衍生品的出现又进一步推动了电子竞技行业的发展。因此，内容制作方也应积极对衍生品的内容进行深度挖掘和产出，加深衍生品的文化深度的同时扩大衍生品的受众面，使社会大众，尤其是电子竞技粉丝群体长期关注赛事内容并积极参与互动，确保整个电子竞技行业向更加良性的方向发展。

5.1.3 数据分析服务

数据分析是指用适当的统计分析方法对搜集的大量数据进行分析，

为提取有用信息和形成结论而对数据进行详细研究和概括总结的过程。

> **知识链接**
>
> ### 数据分析师
>
> 数据分析师是专门从事数据搜集、整理和分析工作的人员。在足球、篮球和排球等传统体育比赛项目中,数据分析师通过搜集各个球队和球员信息,将比赛双方的历史成绩、本场比赛成绩和各个球员得分等信息及时传递给现场观众。

电子竞技数据分析是电子竞技赛事的主要内容之一,其对应的主体便是电子竞技数据分析师——专门为比赛战队、选手服务,对赛事进行数据搜集并分析各个战队的打法风格、团战偏好的专业人员。

在电子竞技赛事中,为丰富赛事的呈现层次,赛事举办方会加入相关数据来丰富比赛内容,包括双方战队的历史数据、本场比赛的数据对比等。图 5-1 所示为 2020LPL 夏季赛各战队的数据分析。

排名	战队	出场次数	胜/负	胜率	总击杀(场均)	总死亡(场均)	场均插眼	场均排眼	场均金钱	场均小龙	场均大龙
1	TES	45	33/12	73%	732 (16.2)	532 (11.8)	102	55	58600	2.5	0.8
2	北京JDG	48	33/15	68%	738 (15.3)	542 (11.2)	107	50	59608	2.4	0.7
3	深圳V5	49	30/19	61%	627 (12.7)	525 (10.7)	96	46	53729	2.3	0.6
4	SN	52	31/21	59%	716 (13.7)	655 (12.5)	121	51	58744	2.4	0.9
5	IG	44	26/18	59%	611 (13.8)	605 (13.7)	92	42	54451	2.2	0.6
6	RNG	39	21/18	53%	522 (13.3)	445 (11.4)	112	52	57247	2.4	0.5
7	杭州LGD	54	29/25	53%	674 (12.4)	610 (11.2)	101	52	55752	2.4	0.6
8	西安WE	47	25/22	53%	612 (13)	602 (12.8)	107	57	57985	2.6	0.6
9	EDG	38	20/18	52%	546 (14.3)	427 (11.2)	113	51	59340	2.4	0.7
10	FPX	45	23/22	51%	602 (13.5)	611 (13.5)	111	47	56608	2.5	0.6

图 5-1 2020LPL 夏季赛各战队的数据分析

电子竞技数据分析依赖于大数据,电子竞技大数据分为赛事数据和普通用户数据。

赛事数据可以通过游戏开发商、数据公司和团体记录等方式获得。

一般情况下，赛事数据对社会公众呈现开放状态。普通用户数据较难获取，只有与游戏开发商合作的机构才能获得到用户数据。

> **知识链接**
>
> **什么是大数据？**
>
> 大数据（big data）是IT行业术语，指无法在一定时间范围内使用常规软件或工具进行捕捉、管理和处理的数据集合，并且需要新处理模式才能具有更强的决策力、洞察发现力和流程优化能力的海量、高增长率和多样化的信息资产。

电子竞技的数据是指赛事数据的范畴，由此可得，内容制作方应及时对数据分析团队整理出的各战队的战绩和经济差等与赛事相关的信息进行镜头剪辑，进而体现电子竞技赛事的实时性和科学性。

5.1.4 电子竞技赛事案例分析

电子竞技赛事的成功举办离不开精彩完整的内容制作，接下来以ImbaTV举办的"好汉杯"电子竞技赛事为具体案例，对电子竞技赛事的内容制作进行详细分析。

赛事的主要内容就是赛事本身，即观众能够在屏幕上看到的所有内容。赛事的主要内容包括KV（key visual，主视觉或主画面）、游戏画面、选手画面、解说、OB、现场气氛、采访等，以下将按照时间线方式展现赛事的主要内容。图5-2所示为"好汉杯"电子竞技赛事主要内容和战队积分表。

当电子竞技赛事的直播间开放时，首先向观众展示的是赛事主KV

↓

当确认本场比赛即将开始时，向观众展示倒计时画面

↓

倒计时结束，开始播放赛事片头

↓

片头播放完成后，为观众呈现编排好的现场表演和高超的AI技术

举办线上赛事时，主持人界面的内容需要适当包装

举行线下比赛时，切换到主持人画面，主持人与解说是有差别的，解说的内容只是讲解游戏内发生的事情，而主持还需要推进活动进程、活跃现场气氛和管理协调活动时间

切换到解说台，解说的解说语也是赛事内容的关键

在 MOBA 类游戏进行 BP（Ban & Pick，Ban 指禁止英雄，Pick 指选择英雄）时，通常会选择选手画面作为内容输出，也不排除在进入游戏后，依旧在某一个区域展现选手的画面

游戏开始时，OB 成为赛事的主要内容生产者，OB 决定着主要游戏内容

进入游戏后的字幕板会用来弥补游戏内 OB 系统信息的不足

游戏进行时，会有分屏示意图同时显示选手和缩圈信息

比赛结束时，依旧会运用字幕板，弥补游戏 OB 系统的信息不足问题，为观众呈现获胜战队

比赛结束时官方放出积分表（《PUBG》常用的积分表），对于 MOBA 类和 FPS 类游戏，可能展出赛程表

比赛结束后，对战双方的所有选手来到舞台。双方选手逐一进行握手，展示对战友好交流画面，最后进行采访环节

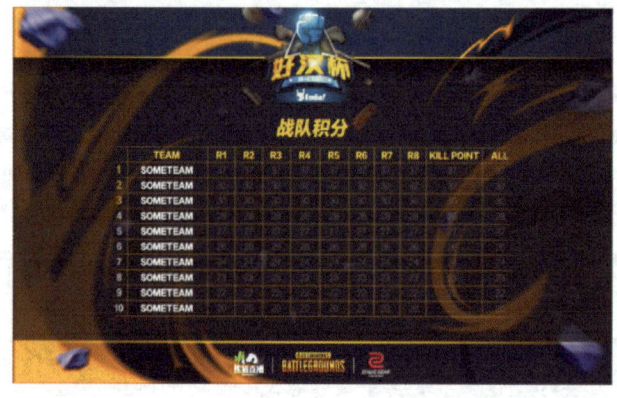

图 5-2 "好汉杯"电子竞技赛事主要内容和战队积分表

注意：由于"好汉杯"电子竞技赛事是线上赛，所以通过其他线下电子竞技比赛的画面展示选手握手环节和采访环节。

5.2 电子竞技赛事内容制作相关岗位

组织一场大型线下电竞赛事，基础配置包括导演、导播、策划、制作、执行、技术、产品和数据分析等团队。

5.2.1 导演团队

导演是整个赛事流程的"领航员"，负责把控赛事的整体效果。在导演团队中，包括总导演、助理导演和现场氛围导演三类工作岗位。

1. 总导演

总导演负责整场电子竞技赛事的创意思路和呈现方案，并且统筹和安排导演组中的所有工作。

2. 助理导演

助理导演应熟悉赛事现场执行流程并具备良好的协调能力，能够解决赛事举办过程中呈现的各类事务，包括舞台流程把控、解说员解说和与技术团队沟通等。

3. 现场氛围导演

担任电子竞技赛事中的现场氛围导演，首先需要具备良好的审美能力和设计能力，能够掌握赛事的核心价值，同时还应掌握与赛事相关的物料和供应商资源，保证现场布置的及时性和完整性。

在赛事内容的制作中，导演团队将发挥核心作用，其专业水平的高低很大程度上决定了赛事内容的创意性。

5.2.2 导播团队

导播组是电子竞技赛事的"操盘手"，也是赛事是否具有观赏性的决定因素之一。导播组的工作内容包括前期直播设备设定和设备系统图制作等内容，其相关岗位包含导播和赛事 OB 两类。

导播应具有熟练的设备操作能力、镜头切换能力和处理突发事件的应变能力，并能够通过视频切换台对不同的机位和镜头进行选择。

导播和导演、灯光师、摄像师和音控师等有效协调的基础上，将赛事的舞台效果完美地呈现给观众。

5.2.3 策划团队

电子竞技的赛事策划需要赛事项目经理和导演合作完成，相关工作岗位包括舞美师、灯光师和美工包装人员。

1. 舞美师

舞美师是为电子竞技赛事提供舞台设计方案的人员，其决定着赛事的视觉体验。舞美师需具备舞美设计的专业知识，能够熟练使用 3dMaxs 和 Maya 等 3D 设计软件。

舞美师的具体工作内容包括制作赛事舞美设计图，根据赛事主题进行舞台创意策划和协同舞美团队实现设计方案等。

2. 灯光师

灯光师主要负责电子竞技赛事舞台和观赛区等场所的灯光布置，同时对灯光及相关设备进行操作和维护，进而为赛事营造良好的现场氛围。

灯光师不仅需要掌握计算机灯光程序编程和设计软件，还应该熟记舞台灯光原理，同时也需要具有良好的舞台鉴赏能力。

3. 美工包装人员

美工包装人员主要负责电子竞技赛事过程中不同环节的面板设计和物料设计等美化工作，主要包括平面设计和视频后期两类岗位。

(1) 平面设计

平面设计人员需要根据赛事的策略要求和创意定位制作宣传方案，包括广告、产品和活动等。相关工作人员需要具备良好的设计创意能力和审美能力，并且能够熟练使用 Photoshop、Illustrator、CorelDRAW 和 Indesign 等设计软件，独立完成高品质的平面设计。

(2) 视频后期

视频后期工作人员需要对游戏镜头进行有效剪辑和处理，完成游戏画面组接和后期的特效设计，同时对视频内容和风格等进行创意策划。

相关工作人员需要熟练掌握 Adobe Animate CC、Premiere Pro 和 After Effects 等剪辑设计软件，还需要将赛事主题、镜头衔接和节奏感等内容进行精准链接，同时具备掌控全片节奏、镜头及色彩的能力。

5.2.4 制作团队

一场成功的电子竞技赛事，它的内容制作不仅需要导演团队、导播团队和策划团队等工作人员的相互协作，还需要字幕员、调音师以及节目制作人员之间的密切配合。

1. 字幕员

电子竞技字幕员应具有良好的文字协调沟通能力、应变能力和处理突发事件的能力，并能够合理地操作字幕机，积极和导演、导播等岗位配合，使得电子竞技赛事的图文分配合理，从而提高赛事内容的整体协调性。

2. 调音师

电子竞技调音师主要负责赛场内设备的安装、调试、维护和保养，同时协助项目人员制定不同的音响布置方案，控制现场的音响效果。调音师应具备声学、混响等专业知识，并能熟练操作音响和混音台等相关设备。

3. 节目制作人员

节目制作人员通过制作与比赛相关的 VCR 和动画等素材为赛事提供宣传服务。

工作人员首先需要掌握赛事的播出流程、直播技术、摄影技术和布景灯光等相关知识和技能，同时还要熟练使用视频制作软件和剪辑软件，具备良好的美术功底和构图能力，进而提高赛事内容的产出质量。

5.2.5 执行团队

电子竞技赛事中的执行类工作人员主要负责根据赛事策划方案，制定赛事各阶段工作和资源分配。

其中，制作与赛事内容紧密相关内容的工作人员被称为推流执行人员。推流执行人员负责推流播出，即将录制的现场赛事内容连续稳定地传递给各大直播平台。根据工作内容，推流执行人员应掌握先进的推流技术，并具备负责精神。

推流播出是电子竞技观众及时、有效的观看赛事的重要保障，而出色的推流人员可以为观众提供良好的观赛资源。

5.2.6 技术团队

技术团队的工作人员主要负责赛事中出现的各类技术问题，是技术问题的直接负责人。常见的技术工作岗位包括电子现场制作（Electronic Field Production，EFP）、系统搭建、网络技术、网络搭建/维护、放像和后期等。

技术团队中的工作人员主要对电子竞技赛事的设备和网络等提供技术支持，其职业要求也主要体现在网络运营和维护等专业能力上。

> **知识链接**
>
> **测试和应急方案的重要性**
>
> 在赛前，技术人员需要对比赛设备进行测试并制定应急方案，以确保赛事进行过程中设备的稳定运行。在赛事进行时，如果出现意外情况，技术工作人员应及时排除故障或启动应急方案，从而保证赛事内容制作的连续性。

5.2.7 产品团队

产品团队的工作人员主要负责电子竞技衍生品的设计与推广。常见的产品工作岗位主要包括开发设计人员和市场推广人员。

1. 开发设计人员

对于开发设计人员来说，衍生品的工作内容是根据电子竞技赛事中的游戏人物、道具和服装的整体形象等画面信息，并且配合赛事主题等文字信息，开发设计具有电子竞技特色的玩偶、服饰、动漫和影视等产品。

2. 市场推广人员

市场推广人员的工作内容是为设计人员开发出的衍生品制定合理的市场推广方案，掌握推广方案的执行进度，并定期进行市场信息的收集整理，完善市场推广创意，在扩大衍生品销售的同时提高电子竞技项目的影响力。

5.2.8 数据分析团队

随着社会发展和技术进步，电子竞技产业逐步向正规化方向发展，云计算、大数据等先进技术也逐步向电子竞技产业渗透。

电子竞技数据分析团队中，最主要的岗位是数据分析师。数据分析师需要具备游戏数值策划、数据挖掘和数据分析能力，其主要的工作内容为搜集电子竞技各战队的基本信息（包括人员基本信息、战略战术和人员战绩等）、历史战况和赛场的实时比赛信息等，搜集完成后形成简洁的数据报告，使观众能够及时了解赛事的对战情况，进而提升观众的观赛体验。

随着电子竞技行业的发展和社会大众对赛事观看需求的提升，数据分析师在电子竞技行业中的作用将会更加重要。图 5-3 所示为 2021《DOTA 2》亚洲邀请赛参赛职业选手的个人数据排名。

排名	游戏ID	击杀	死亡	助攻	KDA	金钱/分钟	经验/分钟
1	EG.Fear	5.68	1.84	7.04	6.91	598	617
2	VG.Black	6.45	2.23	8.77	6.84	563	555
3	VG.Super	7.82	3.00	9.95	5.92	537	539
4	BG.Burning	7.20	2.64	7.96	5.74	632	601
5	HR.ARTES	7.83	2.56	5.00	5.02	546	522
6	VG.Fenrir	4.41	2.91	10.00	4.95	276	304
7	VG.fy	4.09	3.55	12.09	4.56	296	349

图 5-3　2021《DOTA 2》亚洲邀请赛参赛职业选手的个人数据排名

5.3　OB 实务

OB 是电子竞技中的专业术语，通常指不直接参与游戏，但是以观察者身份进入游戏的玩家。

5.3.1　OB 的职能

一般情况下，OB 以第三视角将比赛转播给观众，这是电子竞技赛事转播的重要环节。OB 通过对游戏的专业性理解以及规范性操作，尽可能减少转播事故的发生。表 5-1 所示为 OB 工作人员的主要职能及相应技能。

表 5-1　OB 工作人员的主要职能及相应技能

主要职能	相应技能
了解观赛系统及游戏流程	需要掌握画面构图的相关知识
及时捕捉赛事关键镜头	需要具备灵敏的反应能力
与其他工作人员合作	需要具备良好的协调与沟通能力

5.3.2 OB 实务分析

一般情况下，大型电子竞技比赛有多名 OB 工作人员，包括 1 名主 OB、1 名副 OB 和数量不等的普通 OB。

不同的电子竞技赛事所需的 OB 数量也是不同的，比如《DOTA 2》这类电子竞技项目赛事通常只需 2~3 名 OB 人员，而《绝地求生》这类电子竞技项目赛事则可能需要超过 10 名 OB 人员。

在游戏开始时，画面由主 OB 负责切换和选择工作；普通 OB 将固定跟随一名电子竞技选手，负责该选手游戏画面的切换和选择工作。

主 OB 和副 OB 负责切换与选择普通 OB 的关键画面，为观众呈现精彩的游戏画面。普通 OB 会以数字进行排序，当其中一名 OB 观察到选手有精彩镜头时，OB 便会报出自己的数字，由主 OB 迅速确认是否切换画面。

以《DOTA 2》为例说明游戏 OB 的工作流程。一般情况下，OB 在 BP 环节开始工作，对战双方任意一方游戏胜利，OB 工作结束。

1. BP 环节

OB 在此时需要进入游戏画面，观看电子竞技选手进行 BP，无需更多操作。

2. 正式进入游戏

正式进入游戏后，OB 首先需要捕捉的画面是电子竞技选手中路插眼，此时数据功能切换至补刀数据。

补刀包括正补和反补两部分。正补指的是"对敌方小兵使出致其死亡的一击"，从而获得金钱和经验。反补指的是"对己方小兵使出致其死亡的一击"，从而使对手失去这个小兵的金钱和经验。

3. 在游戏时间为 0 秒时

在游戏时间为 0 秒时，OB 需要关注电子竞技选手河道抢符的画面。

4 对线期

双方处于对线时，主 OB 需要更加关注战况激烈的某一条路的画面。此条线路上，可能产生击杀和激烈的血量互换等画面。当电子竞技选手和谐补刀或双方均没有击杀能力时，主OB通常不会过多关注该选手的游戏画面。

5. **在游戏时间显示6分钟至8分钟时**

在游戏时间显示6分钟至8分钟时，数据功能切换至经济数据，观众便可以更加清晰地看见在对线期，哪位选手拥有更好的经济。

6. **在双数时间内**

在2分钟、4分钟和6分钟等双数时间时，OB需要关注河道功能符的抢夺画面，还有每5分钟的赏金神符抢夺画面。

7. **当游戏画面不足以显示所有英雄位置**

当游戏画面不足以显示所有英雄位置时，OB需要操作摄像机拉高视角，尽量使所有英雄进入视线中，使观众观看到完整的游戏画面。

8. **当游戏进入到白热化阶段**

当游戏进入到白热化阶段，此时买活数据至关重要。所以数据功能切换至买活数据，方便观众观看比赛数据。

9. **游戏结束**

在一方打出GG或一方被拿下基地时，OB的工作结束。

5.4 电子竞技营销的概念与特点

电子竞技赛事能够创造有形的产品以及无形的服务，决定了营销是电子竞技赛事必然的任务。接下来将对电子竞技营销的概念与特点、电子竞技赛事营销的策略与方法作介绍。

5.4.1 电子竞技营销的概念

对于实物产品、虚拟物品和服务产品来说，营销都是为了售卖产品而产生的销售方法。

1. 营销

营销（marketing）是企业发现或发掘消费者的产品需求，让消费者了解该产品进而购买该产品的过程。其核心目标就是根据营销的流程，合理地满足顾客需求，在提升顾客满意度的基础上，为企业实现最终的盈利。

此外，营销处于包括消费者、竞争者和企业本身在内的动态环境中，要想做好营销工作，不仅要考虑经济环境、产业环境和地区环境等因素，还要考虑产品的到达率、使用率和周转率等，这样才能取得竞争优势，实现营销的最终目的。

2. 电子竞技营销

电子竞技赛事营销是一种为消费者提供服务的营销，电子竞技赛事消费者是参与电子竞技赛事活动以及使用电子竞技赛事服务的成员。

消费者对电子竞技赛事产品的直接消费以及电子竞技赛事全体参与者对赛事支持服务的消费，是电子竞技营销的具体表现。

5.4.2 电子竞技营销的特点

随着电子竞技行业的发展，各类品牌对电子竞技的关注也在逐步提升，电子竞技营销成为新的发展领域，合理高效的电子竞技营销可以为电子竞技企业赢得更多的市场关注和良好的发展机会。但是电子竞技营销和传统市场营销有一定差异，其主要具有以下特点：

1. 支持电子竞技衍生品发展

通过对电子竞技的市场宣传，电子竞技游戏除了受到玩家以及赞助商的支持外，电子竞技衍生品也逐渐获得了观众的喜爱和追捧。

除具有价值的赛事内容外，由电子竞技赛事衍生出的动漫、影视、文学和体育等周边作品，极大地促进了电子竞技的发展。

2. 有针对性的人群且周期长

《2020年中国电竞发展报告》显示，在我国电子竞技消费群体中，男性占64%，女性占38%，用户群体集中在21~25岁之间，占比高达

51.1%。由此可见，电子竞技行业已成为年轻人消费的重点领域，性别差距在逐年缩小。

电子竞技赛事周期长、时间限制较少，例如2020年《英雄联盟》职业赛事在各个月份均有举办，表5-2所示为2020年《英雄联盟》各个职业联赛赛事周期。同时，电子竞技的各种职业联赛具有广泛的传播平台。

表5-2　2020年《英雄联盟》各个职业联赛赛事周期

2020《英雄联盟》联赛名称		赛期
LPL春季赛	常规赛	1月15日—4月5日
	季后赛	4月12—28日
LPL夏季赛	常规赛	6月11日—8月24日
	季后赛	9月5—14日
全球总决赛		9月25日—10月25日
季中杯		5月28—31日
LDL春季赛		4月13—30日
LDL夏季赛		6月10日—8月23日
TOC		7月11日—8月2日
高校联赛	上学期周选拔赛	11—12月（上一年）
	省赛	3—4月
	大区赛	5月
	全国总决赛	6月
全明星赛		12月18—21日
德玛西亚杯		12月21—27日

不受时间限制和拥有广泛的直播平台，无疑为品牌营销提供了良好的契机，能够满足品牌的多元传播诉求，进而获得较多的关注度，充分体现电子竞技的营销价值，达到事半功倍的效果。

3. 对环境具有依赖性

体育运动作为一种文化现象，一定程度上反映了社会发展的程度，对电子竞技的接受和赞同程度存在的差异，导致营销活动也大有不同。

在我国北京、上海、杭州和广州等城市，电子竞技的发展程度较高，城市也更容易获得大型赛事的举办权，进而有利于电子竞技营销活动的开展。但在我国的偏远城市，电子竞技的发展尚未成熟，也难以为电子竞技营销提供较高的推广平台。

电子竞技的营销活动也和当地的经济环境密切相关。在经济发达地区，人们的精神消费需求层次较高，这可以提高电子竞技赛事的参与度。当地政府、企业等组织可以为赛事的举办提供政策、经济上的支持，更好地促进电子竞技赛事的发展和营销活动的开展。但在经济较为落后的地区，电子竞技的发展缺乏良好的资金支撑，覆盖的用户相对较少，营销活动也难以开展。

图 5-4 所示为 2020 年《王者荣耀》城市赛赛程，比赛地点集中在上海和成都，均为经济发展较好的城市。

图 5-4　2018 年《王者荣耀》城市赛赛程

5.5　电子竞技营销的策略与方法

电子竞技赛事创造的有形的产品以及无形的服务决定了营销是电子

竞技赛事必然的任务。以下将对电子竞技赛事营销的策略与方法作介绍。电子竞技赛事的营销策略主要介绍电子竞技赛事的宣传策略。

5.5.1 电子竞技赛事宣传的内容

电子竞技赛事宣传的内容包括赛事形象宣传、赛事广告宣传、赛事现场实况。

1. 赛事形象宣传

赛事形象是大众对于电子竞技产业以及电子竞技赛事的整体感觉、印象。电子竞技赛事生产者是赛事宣传的首要环节，它决定了赛事传播的数量与质量。赛事生产者包括游戏研发商、游戏发行商以及电子竞技赛事主办方。

游戏研发商研发的游戏直接影响电子竞技赛事宣传源头的授权。游戏发行商作为电子竞技游戏的代理商，它和游戏研发商共同决定了以电子竞技游戏为主的电子竞技赛事的内容授权。电子竞技赛事主办方通过举办电子竞技赛事，直接向观众宣传赛事内容。

除了赛事生产者传播电子竞技赛事内容以外，还有其他的赛事传播者，比如电子竞技从业人员、电子竞技主播以及影视明星等。这些赛事传播者不是直接进行赛况等内容的传播，而是利用各种方式或者平台传递与电子竞技赛事相关的活动，并且呈现多元化发展的趋势。

2. 赛事广告宣传

电子竞技赛事与传统的体育赛事一样，广告宣传在电子竞技赛事宣传中占了很大部分的比重。赛事的广告宣传主要是为赛事赞助商的宣传。赞助商在电子竞技赛事执行中扮演着支持者的角色，电子竞技赛事通过对赞助商产品的宣传来提升产品的曝光度，进而增加此种产品的销量。

目前电子竞技赛事的赞助商可以分为五类：第一类是电子硬件生产商，如小米和华为等国产智能手机生产商；第二类是游戏相关配件生产商，如北通为赛事提供游戏手柄赞助和硕美提供赛事耳机赞助；第三类是快消品生产商，如雪碧、统一、旺仔和康师傅等食品饮料；第四类是交通出行生产和运营商，如宝马和滴滴出行等；第五类是娱乐消费运营商，如网吧和 KTV 等娱乐场所。

3. 赛事现场实况

电子竞技赛事现场实况的主要宣传内容是电子竞技项目的实时画面，这些画面和业余电子竞技爱好者的操作画面所差无几，极强的代入感给观众带来了一定程度的共鸣。同时，电子竞技选手比赛中的表情、对于键盘以及鼠标的操作、解说员的解说画面以及观众的观看反应等画面也会有相应的呈现。

5.5.2　电子竞技赛事宣传的渠道

电子竞技赛事宣传的渠道是以网络媒体宣传为主，传统媒体宣传为辅。

1. 网络媒体宣传

电子竞技是基于互联网而兴起，因此电子竞技赛事的宣传主要依赖互联网。网络媒体宣传主要有微博、微信公众号、在线直播平台以及一些其他网络渠道。这些新媒体的共同特点是传播速度快、互动性强、覆盖人群广。

（1）微博

微博作为社交媒体、网络平台的一种，用户可以通过 PC、手机等多种移动终端接入，以文字、图片、视频等多媒体形式，实现信息的即时分享、传播互动。

赛事的官方微博、著名的游戏战队、选手以及业内人士等主要传播与电子竞技赛事相关内容，这些传播者都经过了实名认证，发布的信息具有真实性。

当电子竞技战队在电子竞技赛事中取得优异成绩时，这条信息通过微博就可以实时向大众传递，如 IG 战队在 2018 年 11 月 3 日取得《英雄联盟》S8 的冠军后，其投资人以及 IG 战队便登上热搜榜首。

(2) 微信公众号

微信公众号是开发者或商家在微信公众平台上申请的应用账号。通过公众号，商家可在微信平台上实现和特定群体的文字、图片、语音、视频的全方位沟通与互动。

微信公众号通过推送高质量的文章，来吸引更多的用户。在传播电子竞技赛事时，微信公众号推送的内容主要包括游戏商城、联盟阵地、赛事资讯以及抽奖活动等。

(3) 在线直播平台

在线直播平台现已成为电子竞技爱好者观看赛事的主要途径。在线直播平台主要负责电子竞技赛事的转播，通过播出电子竞技赛事来扩大电子竞技赛事的知名度，同时在线直播平台也可以获得相应的利润。比较知名的直播平台如：斗鱼直播、熊猫直播、虎牙直播、全民直播等。

除了转播电子竞技赛事以外，一些在线直播平台也开始自主举办电子竞技赛事。比如斗鱼直播 2017 年举办的第一、二届斗鱼《CS：GO》亚洲邀请赛，2018 年举办的 DSL 斗鱼超级联赛，虎牙 2021 年举办的"胖虎杯"《使命召唤手游》争霸赛。

(4) 其他网络渠道

其他网络渠道主要有游戏客户端、官方网站和社区 APP 等。游戏运营商可以通过这些渠道发布电子竞技赛事相关信息，例如 2021 年《英雄联盟》官网发布的职业联赛信息。游戏运营商通过此种渠道发布的电子竞技赛事信息与其他渠道相比，权威性更高。

2. 传统媒体宣传

(1) 报纸

在互联网还不发达的时期，电子竞技赛事最早是在报纸上呈现的，这使得当时不了解电子竞技的读者开始接触到电子竞技赛事相关的信息。

电子竞技纸媒的标志性刊物是《电子竞技》。《电子竞技》杂志是经中华人民共和国新闻出版总署批准的电子竞技、游戏类的唯一一本中央级专业杂志。它弥补并完善了国内电子竞技平面媒体的空白，为 IT、金融、快速消费品等产业相关厂商以及数以千万计的电子竞技爱好者服务。

(2) 电视

电视媒体通过对电子竞技赛事的报道与转播，不仅可以吸引大量电子竞技爱好者的观看，而且也可以促进以电视媒体为代表的体育传播行业与电子竞技赛事的结合。比如 2011 年，GTV 游戏竞技频道与《穿越火线》共同打造的电视栏目《开火》。

这档节目的播出为《穿越火线》向电视媒体宣传迈进了一步。通过电视媒体对于电子竞技赛事的报道与转播，可以使大众更加了解电子竞技行业。

5.6 电子竞技赛事营销策划方案

电子竞技赛事营销的策划方案，包括营销方案的定义和内容以及电子竞技赛事营销策划方案的制定等内容。

5.6.1 营销方案的定义和内容

1. 营销方案的定义

营销方案（marketing program）是一个以销售为目的的计划，指在市场销售和服务之前，为了达到预期的销售目标而进行的各种销售活动的整体性策划。

2. 营销方案的内容

一份完整的营销方案应至少包括三个方面的分析，即基本问题分析、项目市场优劣势分析和解决问题的方案。

(1) 基本问题分析

基本问题即营销人员对于营销策划所面临的问题和所要解决的问

题。首先需要分析存在问题的原因，只有分析出问题存在的根本原因，才可以制定出相应、有效的解决方案。

(2) 项目市场优劣势分析

项目市场优劣势分析包括主要优势分析、主要劣势分析以及主要条件分析。

营销人员针对将要开展的市场营销活动，应在策划方案中列出自身的优势分析，同时也应考虑一些外部的有利因素。

主要劣势分析就是分析与将要开展的市场营销活动相关联的一些外部不利因素和自身的弱项、短处，在营销方案中应避免或者提出劣势的解决方案。

主要条件分析就是分析将要开展的市场营销活动所需要的条件，这包括已具备的条件和尚需创造的条件，通过主要条件分析达到资源的最大化使用。

(3) 解决问题的方案

通过对于基本问题的分析，来明确相应的解决思路。解决方案应包括解决的出发点、解决的途径以及解决的方式等内容。

5.6.2　电子竞技赛事营销策划方案的制定

电子竞技赛事营销策划方案的制定主要包括电子竞技赛事的营销策划项目简介、电子竞技赛事的市场机会分析、电子竞技赛事的目标市场、营销策略组合、风险评估及应变方案五个方面内容，如图 5-5 所示。

1. 电子竞技赛事的营销策划项目简介

营销策划项目简介需要对营销策划的主题以及产品进行简介。营销策划主题是整个营销方案的基本，根据不同的营销策划项目拟定不同的主题。在阐述营销策划主题的基础上，也要对产品作介绍。电子竞技赛事策划方案中需要对电子竞技以及电子竞技赛事进行简介。

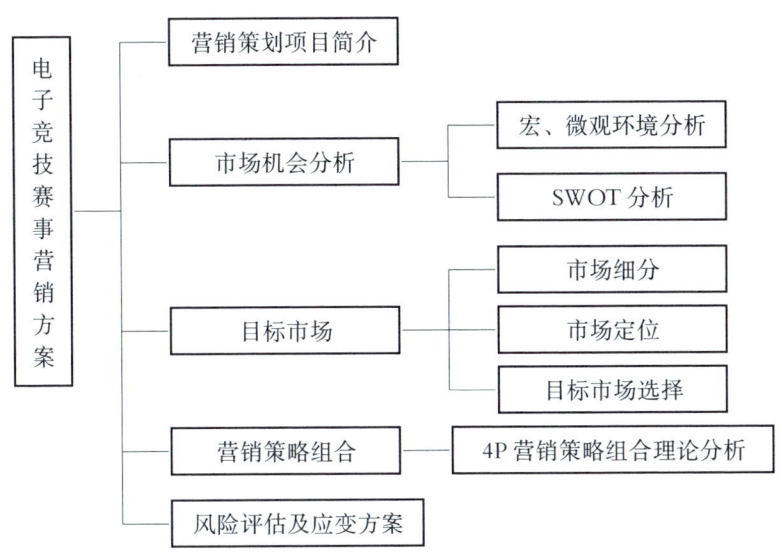

图 5-5 电子竞技赛事营销策划方案构架图

2. 电子竞技赛事的市场机会分析

市场机会分析需要分析市场的宏、微观环境，同时为了进一步了解市场，需要采用 SWOT 模式进行市场分析，即从 strengths（优势）、weaknesses（劣势）、opportunities（机遇）、threats（威胁）四个方面作分析。

（1）电子竞技赛事的环境分析

宏观环境是指给电子竞技赛事营销活动提供市场机会和造成威胁的主要社会力量。宏观环境主要包括人口环境、经济环境、政治法律环境、社会文化环境、自然环境、科技环境等。微观环境是指与营销活动紧密相连、直接影响赛事组织者能力和效率的各种力量和因素的总和，如电子竞技赛事执行方、社会公众等。

（2）电子竞技赛事的 SWOT 分析

SWOT 是一种战略分析方法，通过对被分析对象的优势、劣势、机遇和威胁等信息进行综合评估与分析得出结论，再通过内部资源、外部环境有机结合来清晰地确定被分析对象的资源优势和缺陷，了解对象所面临的机会和挑战，从而在战略与战术两个层面调整方法、资源以保障被分析对象的实行能够达到所要实现的目标。通过SWOT来对电子竞技赛事的优势、劣势、机遇和威胁综合分析，对于机遇要把握，对于挑战要积极想出对策。表5-3所示为基于SWOT分析模式探究我国电子竞技赛事发展现状。

表5-3 基于SWOT分析模式探究我国电子竞技赛事发展现状

优势分析	劣势分析
(1) 电竞受众群体庞大； (2) 电子竞技水平良好	(1) 赛事活动组织存在缺陷； (2) 相关人才的缺乏与电竞赛事相配套的基础设施建设不完善； (3) 盈利模式单一且不稳定； (4) 自主研发游戏的匮乏
机会分析	威胁分析
(1) 国家政策的倡导与支持； (2) 社会观念的转变； (3) 资本进入电竞赛事产业的布局	(1) 相关产业发展不成熟； (2) 赛事丛生导致的乱象

3. 电子竞技赛事的目标市场

每个消费者的需求是不同的，没有一个电子竞技赛事可以满足所有电子竞技消费者的需求，在这里就需要对目标市场进行正确的选择。

(1) 电子竞技赛事的市场细分

电子竞技赛事的市场细分是指赛事组织者根据自身条件和营销目标，以需求的某些特征或变量为依据，区分具有不同需求的顾客群体的过程。这样划分消费者群体使得同一个消费者群体内的需求是相似的，不同的消费者群体内的需求则有着明显差别。

(2) 电子竞技赛事的市场定位

市场定位是指企业根据竞争者现有产品在市场上所处的位置，针对顾客或用户对该类产品某些特征或属性的重视程度，为此企业产品塑造与众不同的、给人鲜明印象的个性或形象，并把这种形象生动地传递给顾客，从而使该产品在市场上确定适当的位置。

电子竞技赛事作为一种特殊产品，电子竞技赛事的市场定位是指使观众正确认识并了解电子竞技赛事，理解电子竞技赛事传达的理想、信念，并在他们心中树立正向的形象。

（3）电子竞技赛事的目标市场选择

目标市场选择是指估计每个细分市场的吸引力程度，并选择进入一个或多个细分市场。电子竞技赛事组织方在对整个电子竞技市场进行细分与评估之后，就要根据这些市场的潜力、吸引力等因素，把其中的一个或几个作为目标市场。

4. 电子竞技赛事营销策略组合

电子竞技赛事营销策略组合采用一般营销策略与方法中的4P营销策略组合理论进行分析，通过产品组合策略、定价策略、销售渠道、促销策略这四个方面来对电子竞技赛事的营销进行策划。

5. 风险评估及应变方案

电子竞技营销策划方案需要对电子竞技赛事营销之前或者之后（但还没有结束）的风险事件进行评估，如该事件给人们的生活、生命、财产等各个方面造成的影响和损失。同时，对于营销过程中可能出现的紧急事故，应该事先制定应变方案，保证紧急事故发生时可以有恰当的解决方案。电子竞技赛事举办方需要向公安部门申请，在通过公安部门的受理、审核、复核、审定、告知五个审批程序并被允许举办电子竞技赛事后，方可举办。

5.7 电子竞技赛事营销经典案例

随着游戏开发商不断挖掘电子竞技对于社会的正面价值，同时新闻媒体也积极提高相关报道的数量和质量，电子竞技项目正在潜移默化地改变着人们的认知。

逐渐得到社会主流文化认同的电子竞技行业，已逐步渗透到大众的日常生活中。玩家基数增多，使得电竞文化进一步扩散。此时，为某款头部游戏开展类似电商领域的"造节"活动,将取得很好的效果。

接下来以《王者荣耀》的五五开黑节(2022年更名为五五朋友节)为例,分析电子竞技营销方案的成功之处。

5.7.1 双向共赢

对于《王者荣耀》电子竞技项目的玩家来说,五五开黑节已被他们熟知。而以聚拢玩家作为出发点的节日本身,存在价值已远远高于"节日氛围"这一基础作用。

从2017年开始举办的五五开黑节,其目标是打造游戏界的"双十一",即想要成为玩家社交的桥梁和维系游戏内外玩家情感的载体。经过4年的传播与发展,玩家对开黑文化的接受程度具有显而易见的提升。表现之一就是"开黑"相关的文创内容呈现爆发式增长,传播覆盖面也在逐步扩大。

开黑文化的广泛传播,使得五五开黑节更加关注活动的玩法和运营思路,同时寻求文化的核心理念和活动的创新升级,来为玩家增添新鲜感,最终实现电子竞技文化和玩家的双向共赢。

5.7.2 创新和升级玩法

"团战"是五五开黑节前两届重点突出的主题,节日以拓宽用户盘和打造并扩大开黑标签声量为核心目标,表现为邀请明星、歌手为节日代言,并推出"开黑不掉星"的玩法,将资源集中倾斜在5月5日节日当天。

外部宣传和内部福利相结合,加深玩家对节日的认知。经过2017—2018年的积累,开黑文化中"团战"主题的发展趋近于饱和。此时,官方准备为五五开黑节创建新的玩法。

在2019年的五五开黑节中,《王者荣耀》开始打造"朋友"和"情感"主题的相关节日氛围。直观表现为2019年的五五开黑节,官方将活动升级为"五五开黑朋友节",使组队开黑的玩家多了一层亲密关系。

作为营销的一种手段，在玩家和朋友一起开黑的条件下，将活动设置为"一人有祝福即可全队不掉星"。活动的微博话题收获了2.3亿次阅读量和8.7万次讨论。最终，五五开黑节凭借"友情"主题融合了新的电子竞技文化。

2020年的五五开黑节，官方在上一年的基础上提出"与我为伍，彼此守护"的口号。不同于前几年停留在市场层面的情感认知，此次的"守护"主题还被运用到运营活动和皮肤设计等层面。

比如五五开黑节的专属皮肤"瑶·遇见神鹿"，就是基于守护理念并结合敦煌文化量身定做的设计。

游戏官方为节日设计了一套激励手段，比如引导玩家唤回开黑次数最多的好友、开黑时击败次数最多的好友和开黑时使用本命英雄等，完成节日活动"点亮星星获取皮肤奖励"的目的，以此来为游戏增添玩家基础，进一步拓宽五五开黑节的影响力。

与此同时，品牌方邀请张杰作为"五五开黑节守护大使"。吸引不同圈层的玩家，实现多维度的游戏破圈。官宣微博一经发出便获得了超过100万次的转发，同时上线的五五开黑节主题曲《为你而战》更是好评如潮，随即登上QQ音乐平台新歌榜Top 2，如图5-6所示。

在五五开黑节发展壮大的同时，市场上也会出现很多同类游戏。当玩家的选择越来越多，玩家聚集在

图5-6　主题曲《为你而战》数据

一款游戏的时间将有所减少，因此，每一年升级后的五五开黑节都会推出新的皮肤，给玩家们提供更多的兴趣话题，如2020年的五五开黑节

也推出了"五虎上将"系列皮肤。

5.7.3 节日出圈

对于五五开黑节来说，从一个话题逐步发展为现象级的电子竞技节日，离不开广大玩家喜爱和信赖。

而对于《王者荣耀》来说，包括"开黑不掉星"在内的活动福利固然是提升玩家使用率的方法，但以节日为游戏打开不同的圈层视角，如融合敦煌文化、联合明星出圈以及虚拟男团出道等营销方式，更能维系节日长期的稳定的运营。

以新文创内容为例，2020年的五五开黑节除了推出守护概念皮肤"瑶·遇见神鹿"以外，还推出了"五虎上将"系列皮肤，去传递"平凡人传承三国战友情"的背后寓意。同时邀请谭盾（国际著名作曲家和指挥家，奥斯卡和格莱美原创音乐奖得主）分别以"仁、义、威、忠和勇"五种传统精神，使用不同的传统乐器创作五首曲子，以流行化的方式诠释传统文化，进一步向玩家输送节日主题。

蒙牛和腾讯地图等品牌相继跨界《王者荣耀》，推出与游戏主题相关的快消品和地图语音包，使电子竞技项目尽可能覆盖不同的生活场景。建立在一系列跨界合作的基础上，五五开黑节已经完成从游戏节点到正式节日的转变，成为影响大众层面的文化信号。

已经连续开展多年的五五开黑节还受到了外部不同圈层的关注。其表现为它面向年轻群体产生的引流效应吸引了众多厂商的关注，厂商们利用五五开黑节为各自的品牌创造出新的玩法条件，比如淘宝的五五大促活动、江苏卫视举办的五五晚会和聚划算通过五五盛典吸引年轻消费者。

5.8 模块小结

本模块主要为读者介绍电子竞技内容制作与营销的相关知识，包括电子竞技赛事内容制作、电子竞技赛事内容制作相关岗位、OB实务、电子竞技营销、电子竞技营销的策略与方法以及电子竞技赛事营销经典案例等内容。通过学习本模块的知识点，读者可以逐渐加深对电子竞技赛事内容制作和营销的了解，为之后的学习和工作奠定基础。

5.9 拓展阅读

电子竞技的内容制作和营销是相辅相成的两个部分，好的内容制作离不开营销手段的推广造势，而优秀的营销案例同样离不开内容的精准把握，因此内容制作与营销相互作用，共同推动电子竞技行业的发展。

5.9.1 电子竞技衍生内容制作

随着电子竞技的传播，电子竞技衍生品也屡见不鲜，出现了许多以电子竞技为题材的小说、漫画及视频，这些作品不断扩大电子竞技的影响力，让更多人了解电子竞技的魅力。以下主要就电子竞技衍生品中的小说、漫画以及视频作介绍。

1. 小说

最具有电子竞技特色的小说是蝴蝶蓝连载于起点中文网的网游小说《全职高手》。

> **知识链接**
>
> **《全职高手》内容简介**
>
> 《全职高手》讲述网游《荣耀》中被誉为教科书级别的顶尖高手叶修，因为种种原因遭到俱乐部的驱逐，离开职业圈的他寄身于一家网吧，成了一个小小的网管，但拥有10年游戏经验的他，在《荣耀》新开的第十区重新投入了游戏，开始了重返巅峰之路。

2017年7月12日，《2017猫片·胡润原创文学IP价值榜》发布，

《全职高手》排名第 13 位，体现了电子竞技小说的正面价值。

《全职高手》小说的成功也带动了其他衍生产品的繁荣发展。《全职高手》漫画版、动画版、电视剧版也成功上线，并且都引起了热烈的反响。

2. 漫画

漫画是一种艺术形式，是用简单而夸张的手法来描绘生活或时事的图画。通过构成幽默诙谐的画面或画面组，以取得讽刺或歌颂的效果。

《打野英雄》是嘉兴睦月文化创作的《英雄联盟》同人电竞漫画作品。该动漫现已在腾讯平台连载，拥有高达 31 万次的收藏量，受欢迎度较高。

> **知识链接**
>
> **《打野英雄》内容简介**
>
> 《打野英雄》讲述在电子竞技、《英雄联盟》和其联赛繁荣昌盛的时代，每个参与《英雄联盟》的电子竞技人都以获得世界大赛的冠军为人生荣耀，但是只有在全国大赛群中拼杀而出的最强者们才有资格持有世界大赛的资格。此时，主人公徐杉在机缘巧合之下加入了快要解散的《英雄联盟》职业队伍初速队，这成为撬动世界、开创历史的关键。

3. 影视作品

电子竞技行业的发展推动了与其相关的影视作品的产生。以电影《垫底联盟》为例，这是一部由王文执导，王栎鑫、潘时七、柏智杰等主演的喜剧片，故事内容根据电竞明星小苍真实经历改编而成。

4. 真人秀

真人秀也是电子竞技行业的衍生品之一。以《终极高手》为例，它是由腾讯视频联合《王者荣耀》以及 KPL《王者荣耀》职业联赛一同打造的职业电竞真人秀。该综艺由 4 位明星作为荣耀经理人挑选出最优秀的选手成立战队，通过国家教练团队设计的科学训练体系方法以及电子竞技职业联赛现役优秀教练的帮助，成为最终获胜者，获胜者将获得登上 KPL 职业联赛舞台挑战巅峰的机会。

《终极高手》中选手们训练，俱乐部挑选，团队协作、比赛，到最后胜利拥抱或者失败淘汰环节，都将真实地呈现在观众面前，为大众充分展现电子竞技中的热血和残酷。观众将通过节目看到电竞选手、职业战队幕后的训练过程以及他们走向职业电子竞技舞台面对的机遇与挑战。

5. 短视频

短视频是指在各种新媒体平台上播放的、适合在移动状态和短时休闲状态下观看的、高频推送的视频内容，视频时间从几秒到几分钟不等。

随着短视频行业的不断兴起，微博、秒拍、快手、今日头条和抖音等第三方应用程序纷纷加入短视频行业。在这些具有短视频播放功能的第三方应用程序中，与电子竞技相关的短视频也会呈现给用户，并且能够获得较高的播放量。

5.9.2　2018 世界杯期间各行业的营销案例

2018 年俄罗斯世界杯，已于 6 月 14 日—7 月 15 日在俄罗斯境内举办。同样作为体育赛事，世界杯与电子竞技赛事在营销上有异曲同工之处。下面将盘点各大行业在世界杯时间段发布的营销策略，希望对读者营销知识的积累和提升有所帮助。

1. 小胖蛋瓜子

推出了 120 克的瓜子，刚好够一个成年人磕完一场球赛（90 分钟），然后这款新瓜子的包装有四种：德国、法国、阿根廷、巴西，文案非常简单——德国是冠军、法国是冠军……新品刚刚推出，线下实体店刚刚摆出来，3 万份的产品全部售罄！

2. 百威啤酒

活动规则：百威啤酒加油瓶，为主队碰瓶助威。

活动亮点：世界杯主题国家瓶，即球迷可以用带国旗的啤酒瓶为主队助威，就跟演唱会上举明星的灯牌一样，提升消费者的参与感。

5.10 测试题

单选题

1. 下列选项中对于电子竞技 OB 工作人员的描述，说法不正确的是（　　）。

    A. OB 以第三视角将比赛转播给观众，这是电子竞技赛事转播的重要环节

    B. OB 是电子竞技中的专业术语，通常指不直接参与游戏，但是以观察者身份进入游戏的玩家

    C. 大型电子竞技比赛必须有 10 名 OB 工作人员，包括 1 名主 OB、1 名副 OB 和 8 名普通 OB

    D. OB 需要了解观赛系统及游戏流程，同时需要掌握相应的画面构图知识

2. 从工作内容上看，下列选项中的（　　）不属于电子竞技赛事策划团队的构成人员。

    A. 舞美师　　　　　　　　B. 调音师

    C. 美工包装人员　　　　　D. 灯光师

3. 电子竞技赛事的内容制作可以分为（　　）三类。

    A. 播出内容制作、衍生内容制作和数据分析服务

    B. 主要内容制作、衍生内容制作和数据分析服务

    C. 主要内容制作、衍生周边制作和数据分析服务

    D. 主要内容制作、衍生内容制作和战队选手分析

4. 下列选项中对于电子竞技赛事营销的描述，说法正确的是（　　）。

    A. 电子竞技赛事营销是一种为消费者提供服务的营销

    B. 电子竞技赛事的消费者不是参与电子竞技赛事活动的成员

    C. 电子竞技赛事的消费者是使用电子竞技赛事无形服务的人员

D. 消费者对电子竞技赛事产品的间接消费是电子竞技营销的具体表现

5. （　　）应熟悉赛事现场执行流程并具备良好的协调能力，能够解决赛事举办过程中呈现的各类事务，包括舞台流程把控、解说员解说和技术团队沟通等。

A. 总导演　　　　　　　B. 副导演
C. 现场氛围导演　　　　D. 助理导演

实操题

调研 2020 年《英雄联盟》全球总决赛营销情况。

步骤 1：由朋友或同学进行自由结合，2～3 人为 1 个小组。

步骤 2：根据前面所学内容并查阅资料，以 2020 年《英雄联盟》全球总决赛为例，讨论该竞技赛事的营销宣传渠道以及实际宣传案例，从网络渠道和传统渠道进行分析。

步骤 3：填写 2021 年《英雄联盟》全球总决赛营销宣传调研表，如表 5-4 所示。

表 5-4　2021 年《英雄联盟》全球总决赛营销宣传调研表

网络渠道	
营销渠道	案例列举
1.	
2.	
3.	
4.	
传统渠道	
营销渠道	案例列举
1.	
2.	

参考答案：

单选题：CBBAD

模块 6
电子竞技赛事参与及赛训支持

　　本模块聚焦电子竞技比赛，通过介绍电子竞技赛事参与机构和人员、赛训支持的机构和人员，以及电子竞技训练的内容和方法三个部分，对电子竞技比赛进行剖析，使读者对电子竞技比赛有更加深入的认识。

》 能力目标

- 能够准确理解电子竞技赛事的参与主体,并熟悉各个主体的工作职责;
- 能够明确电子竞技的赛训主体,并对不同赛训主体的训练有所了解。

》 知识目标

- 了解电子竞技赛事的各个参与主体;
- 理解电子竞技的赛训主体;
- 掌握电子竞技的技术训练;
- 掌握电子竞技的战术训练;
- 了解电子竞技的心理训练。

》 素质目标

- 在了解电子竞技赛事参与主体的基础上,熟悉电子竞技赛训的主体人员;
- 丰富知识结构,提升专业技能。

6.1 电子竞技赛事参与主体

电子竞技赛事各方主体的参与是电子竞技赛事成功举办的保证之一。电子竞技赛事的参与主体包括赛事主办方、赛事执行方、电竞战队人员和其他参与人员。

6.1.1 赛事主办方

赛事主办方是举办电子竞技赛事的主体。一个组织、企业或者机构都可以成为电子竞技赛事的主办方。

赛事主办方主要对电子竞技赛事的定位、比赛项目和规则、赛事举办时间和地点等一系列与赛事相关的内容负责。同时,赛事主办方也负责赛事的申办和监管等执行单位的工作流程。

一般情况下,赛事的前期筹备工作由赛事执行方负责,而不是由电子竞技赛事主办方执行。例如《王者荣耀》的职业联赛就是由腾讯互动娱乐主办和量子体育 VSPN 承办的。

6.1.2 赛事执行方

赛事执行方是实施电子竞技赛事的主体。赛事执行方主要负责赛事的前期筹备和具体实施等工作,比如场馆的搭建、比赛的裁决、赛事的直/转播和观众的管理等工作。

赛事执行方包括很多岗位,如电子竞技赛事导演、电子竞技裁判、电子竞技导播、电子竞技赛事执行和后期制作等,下面针对电子竞技导演和电子竞技裁判的工作职责进行详细介绍。其他岗位的工作职责请参看本书模块 5 中 5.2 相关内容。

1. 电子竞技赛事导演

电子竞技赛事导演负责将比赛画面呈现在大屏上供现场观众观看,

他们在赛事执行过程中起着较为关键的作用。电子竞技赛事导演的职责主要包括以下四项：

（1）根据项目需求制定赛事主题，带领项目组策划执行整体赛事转播方案；

（2）负责统筹协调内部资源，保证电子竞技项目整体品质；

（3）提出赛事转播舞美需求，把控现场效果；

（4）收集观众以及业内动态，制定长远赛事转播方向。

电子竞技赛事导演的工作内容是多元化的，将全部工作内容概括起来就是负责赛事的创意执行和落地。

知识链接

《英雄联盟》洲际赛总导演回忆比赛制作

在《英雄联盟》洲际赛举办时期，我被炫彩的舞台、夺目的灯光、精神抖擞的电竞运动员、神采奕奕的解说员与主持人和满怀热情的观众们包围，整个赛事场馆都洋溢着欢笑声、掌声与尖叫声。

但是殊不知在精彩的赛事背后，是无数幕后工作人员不分昼夜地艰辛付出，他们开阔思维创新舞台设计，团结协作对突发事件力挽狂澜，比赛场馆的各个角落都有他们忙碌的身影。在电子竞技这个行业，很多的从业人员不被大众所熟知，也没有鲜花与掌声，但是他们却是电子竞技赛事的主体，为一场又一场的比赛保驾护航。

2. 电子竞技裁判

任何竞技比赛都离不开规则和裁判，正所谓"无规矩不成方圆"，比赛规则就是"规"，裁判无疑就是"矩"。有了"规"和"矩"，竞技比赛才能公平和公正地举行。电子竞技的赛事裁判需要对赛事做出合理的判罚，保证赛事在公平公正的环境下进行。

在比赛开始前，裁判需要调试好机器和设备，保证选手能正常地进行比赛。当现场出现网络故障时，裁判需要根据以往经验立即进行处理。同时，对于首次参赛的电子竞技选手，裁判要向他们介绍基本的参赛规范，若双方队伍出现矛盾和分歧，裁判需要出面协调。

在比赛的过程当中，裁判要将比赛区隔离出来以防观众对选手产生干扰。在团队项目的对抗中，如果两队选手相互言语攻击，裁判需要禁止选手辱骂对手，以维护赛场的和谐。由此可见，电子竞技裁判在比赛期间发挥着至关重要的作用。电子竞技裁判的主要职责包括以下五项：

（1）负责赛前检查比赛设备，核对电子竞技选手身份；

（2）负责按照比赛规则进行场上执裁；

（3）负责保护裁判内部信息不向外传播；

（4）负责维持赛场秩序；

（5）负责做好赛后总结。

知识链接

抽签和排定竞赛顺序

抽签是领队会议最为重要的环节之一，由总裁判长主持，根据所选赛制，进行公开抽签。排定签位，生成对阵表。抽签的原则和方法遵循竞赛方法。抽签时，各参赛者应准时参加，对抽签结果不得否认，否则将取消其参赛资格。

根据赛制、赛程、抽签结果、场次数和比赛设备数量，合理编排比赛顺序、分配比赛场地和安排各参赛者比赛的轮次和时间，并制作比赛顺序表。排定比赛顺序后，应对所有参赛者公布排序结果。

6.1.3　电竞战队人员

电子竞技战队是电子竞技赛事中的重要组成部分，战队中的职业选手、教练、领队和数据分析师是参与电子竞技赛事的主体。在赛事中，战队中的所有参与赛事人员必须遵守比赛规则。

在赛事举办期间，参赛战队中的职业选手有维护比赛秩序，避免偷盗和打架等事件的发生的职责，否则将给予其取消参赛资格的惩罚。

6.1.4　其他参与人员

一场出色的电子竞技大赛，除了赛事主办方、执行方和电竞战队人员的参与外，还包括赛事主持人、解说员和赞助商等其他赛事主体人员的参与。

1. 赛事主持人

优秀的赛事主持人会为电子竞技赛事的举办增添不少亮点，赛事主持人在主持现场比赛的同时，也需要根据比赛项目的特点以及观众的心理情绪努力营造现场氛围。优秀的赛事主持人主要有以下职责：

（1）负责制订和执行节目计划；

（2）负责撰写赛事主持词；

（3）负责赛事的现场主持工作；

（4）负责处理赛事现场突发事件。

2. 电子竞技解说员

电子竞技解说员是对电子竞技赛事相关活动进行解说的人员。解说员的游戏水平在一定程度上会影响解说的专业性。因此，在日常生活中，解说员需要进行知识储备，即多练习游戏和观看职业比赛。

电子竞技解说员的主要职责包括以下三项：

（1）负责电子竞技赛事的解说工作；

（2）负责与观众互动，活跃现场气氛；

（3）负责配合运营人员参与线上、线下活动。

3. 赞助商

赞助商是指为电子竞技赛事或者电子竞技战队提供经费和商业资源等支持的企业或机构。对电子竞技赛事进行赞助后，赞助商可以在赛事中获得品牌展示和冠名权等宣传机会。

2021年2月1日，TCL品牌正式成为《英雄联盟》职业联赛的官方合作伙伴。同时，TCL品牌也是LPL的第16家赞助商，并且作为官方合作伙伴加入赞助，位于LPL赞助体系的第3层级。

TCL品牌近年持续赞助了海内外的多项顶级体育赛事，此次从赞助传统体育转型为赞助电子竞技赛事，不仅表明了TCL品牌对电子竞技和LPL的认可，还彰显了LPL作为全球头部电子竞技赛事，吸引年轻人群和使品牌向阳生长的能力。

赞助商需要对电子竞技项目进行评估，判断其是否与自身产品盈利点相符合，从而决定是否为该电子竞技项目相关的赛事或战队提供赞助。如果赞助商决定提供赞助，其品牌将负责向电子竞技赛事或战队提供资金和其他商业资源等内容。

6.2 电子竞技赛训主体

随着互联网技术的发展以及社会大众的支持，电子竞技行业已经拥有成熟的赛事体系，越来越多的各级别电子竞技赛事的成功举办，不仅满足了电子竞技爱好者的观赛需求，也提高了电子竞技行业的知名度。

但是对于电子竞技战队来说，除了参与电子竞技赛事以外，他们将花费更多的时间进行日常训练。专业训练和平常打网络游戏具有较大差别，战队人员在训练中必须集中精力，进行看似简单实则需要重复几千次的动作，这种机械化的基本功练习，使得电子竞技战队能够在比赛中表现出惊人的实力。

在电子竞技赛训工作中，除职业战队外，还有许多为日常训练及比赛服务的工作人员，即赛训支持者。电子竞技赛训支持者主要包括电子竞技职业选手、领队、教练和翻译等。

6.2.1 职业选手

职业选手一般从属于电子竞技战队，战队是一种以参加电子竞技比赛为目标的人相聚而成的互益组织，类似于社团的玩家组织。战队也是目前多数游戏中普遍使用的、用于帮助玩家建立社会协作关系的团体形式。

职业选手是电子竞技行业的核心人员之一，其工作职责主要包括以下三项：

(1) 负责积极配合电子竞技俱乐部的相关工作；

(2) 负责根据电子竞技战队的工作安排进行日常训练；

(3) 负责代表战队在电子竞技比赛中获胜。

6.2.2 领队

领队是指带领电子竞技战队的工作人员。在日常生活和训练中，领队负责本战队成员的日常起居和具体训练；在电子竞技赛事中，领队则是战队的"精神领袖"。

领队的主要工作职责包括以下六项：

(1) 负责管理电子竞技俱乐部的训练基地和生活区域；

(2) 负责优化战队成员水平，包括日常训练、赛事经验积累和新成员替换等；

(3) 负责制定战队成员绩效考核制度；

(4) 负责关注电子竞技各类官方赛事，挑选合适的选手参赛；

(5) 负责保障战队成员的饮食起居等日常生活；

(6) 负责对选手的比赛状态、队伍阵容和队员个人比赛情况进行监督调整。

6.2.3 教练

电子竞技教练凭借专业的理论知识和技术水平，并采用先进的训练方法，对电子竞技选手的思想、身体、技术、战术和意志等方面进行全面培训、引导与督促，进而提高职业选手的专业水平。

从选手的管理到赛场上的比赛战术，电子竞技教练通常扮演着赛场之外最强支柱的角色，由此可见，教练也是电子竞技战队保持有序训练的重要保障。电子竞技教练的主要工作职责包括以下五项：

(1) 负责制订科学有效的实训计划和考核内容，引导并监督选手执行训练计划；

(2) 负责用独特的方法迅速提升选手的对战能力、支援意识和团队配合能力等；

(3) 负责选拔与管理青训队员和现役队员；

(4) 负责在赛事中指导选手进行状态与战术调整；

(5) 负责设计并完善整个战队的教学体系和赛训体系。

6.2.4 翻译

随着电子竞技行业的发展越来越国际化，同时越来越多的国际性赛事进一步提高了电子竞技的全球关注度。在国际性电子竞技赛事中，参赛队伍来自各个国家和地区，此时需要翻译人员协助各国选手进行有效交流。

电子竞技翻译人员的工作职责主要包括以下三项：

(1) 负责协助职业选手进行国际性赛事的沟通；

(2) 负责协助职业选手与赛事之外的工作人员交流；

(3) 负责协助职业选手更加准确、完整地理解电子竞技游戏。

6.2.5 数据分析师

随着电子竞技赛事的发展壮大，电子竞技俱乐部和战队的规模也在不断地发展和优化。在优化过程中，为了能够更加精确和专业地对赛事进行分析，电子竞技赛训添加了数据分析师这一参与主体。

电子竞技数据分析师的工作职责主要包括以下四项：

(1) 负责设计和制作与电子竞技赛事相关的赛前、赛后数据分析报表，为赛事调优提供可靠的数据支持；

(2) 负责统筹、优化数据仓库；

(3) 挖掘能引起广大玩家关注的各项数据，为电子竞技赛事直播提供全面的数据来源；

(4) 协助完成和电子竞技赛事相关的其他数据分析工作。

6.3 技术、战术和心理训练

本节聚焦电子竞技训练内容与方法,包括技术训练、战术训练以及心理训练,通过各个知识点的学习,让读者深入了解电子竞技训练内容以及该训练在比赛中的重要性。

6.3.1 技术训练

电子竞技的技术训练包括技术训练的内容和技术训练的方法。

1. 技术训练的内容

电子竞技技术是指在电子竞技活动中完成竞技动作的方法。电子竞技技术训练是指对电子竞技选手操纵鼠标、键盘和触屏等运动器具能力的训练。

以《英雄联盟》为例,电子竞技选手不仅要熟悉键盘的操作,还要通过对鼠标的操作来控制英雄走位以及技能释放。如果职业选手的这两项技术能力不过关,必然会影响其在比赛中的表现。

2. 技术训练的方法

技术训练包括重复训练法、完整训练法、分解训练法、变换训练法和比赛训练法五种训练方法。

(1) 重复训练法

重复训练法通过对同一动作或同一组合动作进行多次重复的操作,强化条件反射,达到使电子竞技选手掌握和巩固动作的目的。

重复训练法是在不改变练习内容、手段、时间、距离、次数、间歇和负荷强度等因素下进行的训练方法。因此,在进行重复训练时,除了使机体产生动作适应性以外,也要注意关注电子竞技选手的耐受力和休息时间。

(2) 完整训练法

完整训练法是指从技术动作配合的开始到结束,不分部分和环节,完整地进行练习的训练方法。

运用完整训练法有利于电子竞技选手完整地掌握技术动作，保持技术动作的完整结构和各个部分之间的内在联系。

（3）分解训练法

分解训练法是指将完整的技术动作过程合理地分成若干个环节或部分，再按环节或部分分别进行训练的训练方法。

运用分解训练法有利于电子竞技选手集中精力完成专门的训练任务。加强主要技术动作环节的训练，能够获得更高的训练质量。

（4）变换训练法

变换训练法是指通过变换运动负荷、练习内容、练习形式及练习条件，以此来提高电子竞技选手的积极性、适应性和应变能力的训练方法。

变换训练法能挖掘不同电子竞技选手的潜能，使他们在电子竞技比赛中发挥出自己的最佳实力和技术。

（5）比赛训练法

比赛训练法是指在模拟或者真实的比赛中对电子竞技选手的技术、战术和配合能力进行训练的方法。

运用比赛训练法可以发现电子竞技选手在技术上的不足，以便后续进行针对性训练，提高选手的技术水平。另外，在正式比赛中环境和氛围的不同会使电子竞技选手的心态发生变化，故比赛训练法更有利于提升电子竞技选手的应变能力。

6.3.2 战术训练

电子竞技的战术训练包括战术训练的内容和战术训练的方法。

1. 战术训练的内容

电子竞技战术是指电子竞技选手在遵守比赛规则的情况下，为了战胜对手或达到比赛效果而采取的策略或者手段。

根据比赛需要和参与战术的人数，电子竞技战术可分为个人战术和团体战术。个人战术是个人针对赛况的预测和识别做出的策略或者采取的手段。团体战术是电子竞技战队内所有成员有组织和有方法的合作，完成目标的策略或手段。

2. 战术训练的方法

（1）无阻碍训练法

无阻碍训练法是指在使用战术训练的过程中，不设置任何障碍的方法。此战术训练法可以使电子竞技职业选手对战术的理念和执行有一个大概的了解，因此，这种训练方法通常运用于初期教学。

（2）阻碍训练法

阻碍训练法是指在使用战术训练的过程中，通过设置障碍使电子竞技职业选手进行完美应对的方法。通过阻碍训练法，电子竞技选手在真正比赛时能够应对对方阻碍，并在受干扰的状态下完成操作。

（3）对抗训练法

对抗训练法是指通过对抗的形式进行的团体战术训练方法。

按照对抗的强度，可以将对抗分为弱对抗和强对抗。弱对抗通过"以多打少"的战术方式完成训练，强对抗则通过"以少打多"的战术方式完成训练。在对抗训练中，应该将训练方式从弱对抗逐渐过渡到强对抗，逐步提升战队选手的战术能力。

（4）比赛训练法

比赛训练法是指在模拟或者真实的比赛中对电子竞技选手的战术进行训练的方法。通过模拟或者真实的比赛中的战术训练，更有利于提升电子竞技选手和团队的战术能力，从而达到训练的目的。

6.3.3 心理训练

电子竞技的心理训练包括心理训练的内容和心理训练的方法。

1. 心理训练的内容

心理训练是为了提高电子竞技选手的忍耐力、思维品质以及记忆品质等心理活动水平。心理训练可提高电子竞技选手的心理素质以及反应能力、注意力和手眼协调能力。

心理训练影响和制约着电子竞技选手技术水平、战术水平的发挥和提高，同时也为电子竞技选手取得优异的成绩奠定良好的心理基础。职业选手可以在心理训练中培养合作精神，提高竞争意识和处理危机的能力等，心理训练还可以使电子竞技选手在未来生活中从容地应对各种挑战。

2. 心理训练的方法

（1）放松训练法

放松训练法是指使有机体从紧张状态松弛下来的一种练习方法。

放松有两层意思：一是指肌肉松弛，二是指消除紧张。放松训练法的直接目的是使肌肉放松，最终目的是使整个机体活动水平降低，达到心理上的松弛，从而使机体保持内环境的平衡与稳定。

在电子竞技中，应用最广泛的是我国的"腹式深呼吸方法"和美国芝加哥心理学家雅各布森（Jacobson）首创的"渐进式放松方法"。

（2）表象训练法

表象训练法是指电子竞技选手在头脑中对过去完成的正确技术动作进行回忆与再现、唤起临场感觉的训练方法。表象训练法可以提高电子竞技选手的表象再现、表象记忆能力以及心理稳定性，从而促进电子竞技选手对技术的掌握。

（3）注意力集中训练法

注意力集中训练法是通过电子竞技选手的主观努力或者环境设置排除来自外界的干扰，使得电子竞技选手能将注意力集中在当前任务上，并且提高注意力强度的训练方法。注意力集中训练可以提高电子竞技选手的抗干扰能力，从而提高其在训练和比赛中的效率。

目前，电子竞技训练体系的建设和完善还处于探索阶段，对于电子竞技训练的内容以及方法远远不止以上列出的几项。在电子竞技的发展中，还会出现新的训练内容和方法，这些新的训练内容和方法也会不断丰富整个电子竞技训练体系。

6.4 模块小结

本模块主要为读者介绍电子竞技赛事参与主体与赛训支持的相关知识，包括电子竞技赛事参与主体、电子竞技赛训主体以及技术、战术和心理训练等内容。通过学习本模块的知识点，读者可以逐渐加深对电子竞技各个赛事参与主体和训练内容的了解，为之后的学习和工作奠定基础。

6.5 拓展阅读

在了解了电子竞技赛事参与主体、电子竞技赛训主体以及技术、战术和心理训练等内容后，下文继续介绍游戏公司赛事主办方增加电竞投资、《英雄联盟》全球总决赛优胜战队等内容，让读者更加全面地了解电子竞技行业赛事的相关知识。

6.5.1 赛事主办方增加电竞投资

电子竞技行业的高速发展，使得越来越多的企业、单位和个人等都投身到此行业中，不论是在赛事参与方面还是赛训投入上，都展现出一番欣欣向荣的景象。

以国内互联网巨头腾讯公司为例，腾讯已经投资了全球两大最受关注的电子竞技赛事：一是移动端电子竞技项目《王者荣耀》职业联赛（KPL），二是PC端电子竞技项目《英雄联盟》职业联赛（LPL），这两大赛事每场比赛可为腾讯吸引上千万的线上、线下观众。

同时，两大赛事的合作伙伴也越来越多。如今，因为投资两大赛事的赞助商逐步增多，使得腾讯将合作伙伴进行分级，用于更好地区分和曝光各个赞助商。

腾讯也表示未来将组织更多的电子竞技活动,因为许多地方政府希望增加投资,活动的规模将会更大。

在全球电子竞技观众数量逐年增加和电子竞技行业营收也同步增长的情况下,无论是对电子竞技赛事的参与还是赛训支持领域,都会吸引更多的目光,也会涌入更多的人才与资本。

6.5.2 《英雄联盟》全球总决赛的优胜战队

《英雄联盟》全球总决赛是所有《英雄联盟》比赛项目中最高荣誉、最高含金量、最高竞技水平和最高知名度的比赛。

《英雄联盟》全球总决赛迄今为止已经举办了 S1~S11 的 11 届比赛,一般情况下,总决赛在每年 10—11 月开赛。2022 年的 S12 全球总决赛在美国旧金山举行。

参赛者都是来自各大赛区最顶尖水平的战队,这些战队通过在每一年的职业联赛中的出色表现获得参赛资格,每个赛区根据规模和水平决定它在总决赛当中的参赛名额。

从 S1~S11 产生了很多实力超强的电竞战队,接下来简单介绍一下历届优胜战队。表 6-1 所示为历届《英雄联盟》全球总决赛的优胜者战队。

表 6-1 历届《英雄联盟》全球总决赛的优胜者战队

赛季时间	冠军	亚军
S1 (2011 年 6 月)	Fnatic Team 战队 (瑞典)	Against All Authority 战队 (欧洲)
S2 (2012 年 10 月)	Taipei Assassins 战队 (中国台湾)	Azubu Frost 战队 (韩国)
S3 (2013 年 9 月)	SKTelecom T1 战队 (韩国)	Royal Club 战队 (中国)
S4 (2014 年 9 月)	Samsung White 战队 (韩国)	Royal Club 战队 (中国)

(续表)

赛季时间	冠军	亚军
S5 （2015 年 10 月）	SKTelecom T1 战队 （韩国）	KOO Tigers 战队 （韩国）
S6 （2016 年 9 月）	SKTelecom T1 战队 （韩国）	Samsung Galaxy （韩国）
S7 （2017 年 9 月）	Samsung Galaxy 战队 （韩国）	SKTelecom T1 战队 （韩国）
S8 （2018 年 10 月）	Invictus Gaming 战队 （中国）	Fnatic Team 战队 （瑞典）
S9 （2019 年 10 月）	FunPlus Phoenix 战队 （中国）	G2 Esports 战队 （欧洲）
S10 （2020 年 9 月）	DAMWON Gaming 战队 （韩国）	Suning 战队 （中国）
S11 （2021 年 11 月）	EDward Gaming 战队 （中国）	DWG KIA 战队 （韩国）

6.6　测试题

单选题

1. 下列选项中（　　）的所有方法，都是心理训练的方法。

   A. 无障碍训练法、障碍训练法和比赛训练法

   B. 放松训练法、表象训练法和注意力集中训练法

   C. 放松训练法、障碍训练法和分解训练法

   D. 完整训练法、表象训练法和注意力集中训练法

2. 下列选项中对于电子竞技战队教练的主要工作职责描述，说法不正确的是（　　）。

   A. 负责制订科学有效的实训计划和考核内容，引导并监督选手执行训

练计划

  B. 负责用独特的方法迅速提升选手的对战能力、支援意识和团队配合能力等

  C. 负责青训队员和现役队员的日常生活和训练

  D. 负责在赛事中指导选手进行状态与战术调整

3. 下列选项中对于电子竞技赛事中的裁判的主要工作职责描述，说法不正确的是（ ）。

  A. 负责赛前检查比赛设备，核对电子竞技选手身份

  B. 负责按照比赛规则进行场上执裁

  C. 负责向现场观众传播赛事的裁判内部信息

  D. 负责维持赛场秩序

4. 下列选项中对于电子竞技赛事主办方的描述，说法正确的是（ ）。

  A. 电子竞技赛事的主办方可以是个人、组织、企业或者机构

  B. 赛事主办方也负责赛事的申办和监管等执行单位的工作流程

  C. 一般情况下，赛事的前期筹备工作必须由赛事主办方负责

  D. 《王者荣耀》职业联赛的主办方是网易娱乐

5. 下列选项中对于电子竞技职业选手的主要工作职责描述，说法不正确的是（ ）。

  A. 负责为俱乐部洽谈商演活动

  B. 负责根据电子竞技战队的工作安排进行日常训练

  C. 负责积极配合电子竞技俱乐部的相关工作

  D. 负责代表战队在电子竞技比赛中获胜

实操题

1. 填写《电子竞技赛事参与主体汇总表》。

  步骤1：观看视频"欧洲电竞人是怎么进入这行的？"，思考成为电子竞技赛事参与者需要哪些条件。

  步骤2：填写如表6-2所示的《电子竞技赛事岗位描述和理解》表格。

  步骤3：可以寻找相熟的朋友交换表格，相互批改。

表 6-2 《电子竞技赛事岗位描述和理解》

电子竞技赛事岗位描述和理解		
赛事参与主体	具体职位	一句话描述

参考答案：

申论题：BCCBA

模块 7
电子竞技发展趋势

　　本模块将围绕电子竞技的发展趋势展开讲解，并从电子竞技专业化、娱乐化、移动化以及全民化角度出发，综合阐述 5G 电子竞技、VR 电子竞技以及电子竞技教育的发展与前景。通过本模块内容的学习，读者将对电子竞技的发展趋势具有更加深刻的认识。

» 能力目标

- 能够准确理解电子竞技的专业化、娱乐化、移动化和全民化趋势，并对这种趋势进行分析；
- 能够明确 5G 电子竞技、VR 电子竞技以及电子竞技教育等概念，并对相关内容进行深入了解，培养自身对电子竞技产业的大局观。

» 知识目标

- 理解电子竞技的专业化；
- 理解电子竞技的娱乐化；
- 理解电子竞技的移动化；
- 理解电子竞技的全民化；
- 了解 VR 电子竞技；
- 了解电子竞技教育；
- 掌握电子竞技相关政策；
- 掌握电子竞技法律法规。

» 素质目标

- 在了解电子竞技发展趋势的基础上，探讨电子竞技行业的发展前景和良性的未来规划；
- 丰富知识结构，提升专业技能。

7.1 电子竞技专业化

我国各大赛事主办方通过不断的探索和尝试，积极推动电子竞技赛事向传统体育项目靠拢并日益专业化，即将电子竞技赛事推向更加职业化和体育化的道路，同时不断完善电子竞技赛事的规范化进程。

7.1.1 电子竞技赛事职业化

2019年4月，人力资源和社会保障部发布了13种新职业，其中就包括电子竞技运营师和电子竞技员。2种电竞职业的推出表明了国家政策对电子竞技行业的大力支持，也是将电子竞技赛事推向更加职业化的风向标。

早在2003年国家体育总局承认电子竞技作为正式体育项目起，国家及各地政府已经通过出台各种政策来鼓励电子竞技行业的发展。近些年，大众对电子竞技赛事的关注度持续高涨，各地政府也加大了对电子竞技产业的扶持力度，争相打造电竞之都。

电子竞技运营师是为电竞赛事保驾护航的，赛事的举办离不开运营师的执行和管理。以赛事为核心的电子竞技产业，职业选手是电子竞技核心价值的承载体。而电竞职业选手从注册制管理到拥有明确职位，标志着电子竞技职业化迈上新台阶，同时使我国的电竞人有了一个官方且职业的身份。

1. **电子竞技运营师**

电子竞技运营师就是在电子竞技产业中从事组织活动及内容运营的人员，之前章节中提到的电子竞技赛事主办方和执行方的工作人员，都是电子竞技运营师。其主要的工作职责包括但不限于以下六项内容：

（1）能够完成电子竞技活动的理念规划和整体策划，设计并制定活动方案；

（2）能够维护线上和线下媒体渠道关系，对电子竞技活动的主题和品牌进行宣传、推广、协调和监督工作；

（3）能够分析、评估电子竞技活动的商业价值，确定活动的赞助权益，同时不断拓展与赞助商和承办方的合作；

（4）能够协调电子竞技活动的各项资源，并且组织电子竞技活动；

（5）能够制作和发布与电子竞技活动相关的音视频内容，并且评估发布效果；

（6）能够对电子竞技活动进行总结报告，并对相关档案进行管理和控制。

2. 电子竞技员

电子竞技员是从事不同类型电子竞技项目比赛、陪练、体验以及活动表演的人员，在之前内容中提到的电子竞技俱乐部职业选手就是典型的电子竞技员。其主要的工作职责包括以下四项内容：

（1）能够参加电子竞技项目比赛；

（2）能够进行专业化的电子竞技项目训练活动；

（3）能够收集和分析电子竞技俱乐部战队动态和训练内容，并且提供专业的电子竞技项目数据分析；

（4）能够参与电子竞技的相关活动表演。

当一个行业拥有超过千亿元的规模，并形成巨大的产业链后，它都需要政府机构的管理。因此，对电子竞技赛事进行规范化和职业化管理是必然趋势，也是电子竞技行业的最终走向。同时，行业规模的扩大意味着人力需求的扩大，专业化的管理有利于保障从业人员的相关利益。

知识链接

2020 年四川省电子竞技产业从业人员规模统计

2021 年 3 月初，四川省电子竞技运动协会发布《2020 四川省电子竞技产业报告》。报告显示，截至 2020 年年底，四川省电子竞技产业从业人员规模达到 12 万人，相较 2019 年增长了 20%。从事内容包括游戏研发、游戏推广、电竞主播、赛事组织服务、电竞酒店运营与管理、电竞馆（含网咖）运营与管理、俱乐部运动员和相关管理人员以及运营人员等职业和项目。

在电子竞技发展趋势逐步走向专业化时，电子竞技赛事作为一项正式的体育项目，也在逐步进入国家正式体育管理体系当中。

7.1.2　电子竞技赛事体育化

电子竞技专业人士一直致力于推动电子竞技的体育化发展，并尝试让电子竞技与传统体育的发展相融合，使电子竞技产业的发展更加积极和正面。因此，电子竞技赛事体育化是大势所趋。

1. 传统体育拥抱电子竞技

在全球范围内，顶级职业联赛布局电竞领域屡见不鲜。F1、MLB、NBA、西甲和德甲等职业联赛均有自己的电竞赛事体系。同时，在各个顶级联赛对外宣布的官方稿件中，都能发现他们希望通过电子竞技赛事吸引年轻人的目光。

例如，美国职业棒球大连盟（Major League Baseball，MLB）的平均观赛年龄已经达到50岁，这对于一个拥有110多年历史的赛事品牌来说，足够引起品牌方的注意并设立解决方案。所以MLB在成为年轻人眼中的潮牌代表时，也应该尽力维系品牌的根基——MLB赛事影响力。如果MLB赛事能够吸引足够多的年轻观众，可将部分观众转化为MLB潮牌的消费者，使品牌运营"长盛不衰"。

> **知识链接**
>
> **MLB品牌（街头生活运动品牌）**
>
> MLB品牌是韩国F&F旗下的街头生活运动品牌，创立于1997年。它在全球范围内拥有多家店铺，F&F一直致力于将MLB品牌发展为时尚潮流品牌。F&F拥有MLB品牌特许经营权，所以MLB品牌以浓郁的棒球文化为背景，以美国街头时尚文化为元素，成为潮流运动领域的领导者。

2019年2月，MLB总裁表示联盟将优先完成电子竞技相关业务的布局，2019年7月，MLB在中国举办了首个电子竞技联赛——MLB China eSports League，MLB希望通过电子竞技赛事的运营，进一步提升它的品牌影响力。由此可知，电子竞技成为顶级职业联赛维系赛事影响力的最佳选择之一。

在传统体育对电子竞技发出友好信号时，电子竞技也在尝试着让自己更加"体育化"。例如2020年的《英雄联盟》全球总决赛，该电子竞技赛事的体育化已经非常明显。接下来以2020年的《英雄联盟》全球总决赛为例，介绍大型电子竞技比赛中的体育化表现。

2. 电子竞技赛事的体育化表现

（1）赛事氛围

任意一场大型体育赛事，因为其完整的产业链和广泛的影响力，都是一场赛场内外的狂欢。而现如今的大型电子竞技赛事，已经初步具备这些表现因素。

（2）赛事范围

电子竞技赛事是厂商推出游戏后所进行的市场推广手段，但是随着电子竞技行业的发展壮大，已经从厂商绝对主导的阶段进阶为自成一套的生态体系，即电子竞技赛事拥有包括参与者、监管者、内容制作者和内容接收者的完整产业链。

《英雄联盟》电子竞技项目已经与足球、篮球等传统体育项目一样，成为全球范围内广受欢迎的竞技项目，围绕《英雄联盟》赛事产生的版权、赞助、营销以及场馆运营等产业链正在趋于成熟，这是电子竞技赛事体育化的表现之一。

（3）赛事筹备

从赛事筹备上来看，举办地上海市政府和赛事官方工作人员都为赛事能够顺利举办而付出诸多心血。不管是推动赛事如期举行，召集世界各地的选手提前入沪进行隔离，还是将顶级体育场馆浦东足球场选为赛事场馆，都体现了大众对顶级电子竞技赛事的热情，这也是电子竞技赛事体育化的表现之一。

（4）赛事版权

从赛事内容直/转播的版权来看，哔哩哔哩（blibli，简称 B 站）成为 2020 年《英雄联盟》全球总决赛独播版权的拥有者，表明电子竞技领域重视内容版权，这同样是电子竞技向传统体育领域靠拢的一座里程碑。

面对顶级电子竞技赛事，腾讯体育、腾讯视频、虎牙直播、斗鱼和企鹅电竞等内容视频平台对赛事直/转播的版权也相当重视，这都能够加快电子竞技体育化发展的脚步。

（5）赛事宣传

在赛事宣传方面，电子竞技大赛不仅会邀请闫紫境（wAwa）、米勒、管泽元和王继德（记得）等知名电子竞技解说员进行赛事解说，还通过邀请文娱明星和体育明星作为跨界嘉宾，在娱乐性和竞技性两个维度对电子竞技赛事进行跨圈宣传，进一步扩大电子竞技赛事的影响力，这也是电子竞技赛事体育化的具体表现之一。

（6）传播电竞文化

在电子竞技文化传播方面，落地城市可以利用地铁、机场和公交等公共资源的广告位全方位介绍电竞文化，为电子竞技大赛预热的同时实现向大众科普电竞文化的目的。例如上海打造的"峡谷文化广场"和"腾讯电子竞技 V – station 体验馆"，都可以使线下的上海市民和上海游客感受到"电竞之都"的良好氛围。

（7）观赛体验

从观赛体验方面来看，顶级电子竞技大赛使用的直/转播技术，已经接近甚至超越传统体育项目比赛时使用的技术。而在视频平台的直播间内，除了官方直播技术的呈现，还沿用了传统体育项目比赛中的做法，增强了用户互动体验，这也是电子竞技赛事体育化的又一表现。

从上述的各个方面总结来看，电子竞技赛事的体育化来自社会层面对电竞认知的改变。这一段漫长的演变之路，也是如今电子竞技赛事体育化的根基所在。

3. 相关政策推动电子竞技体育化进展

2019年7月，上海首批电子竞技注册运动员拥有了和传统体育运动员一样的注册身份，这是电子竞技体育化的重要体现。

2019年年底，国家统计局公布《体育产业统计分类（2019）》，电子竞技位列其中。多名产业分析师认为电子竞技在赛事运营、人才选拔和配套设施等方面效仿传统体育项目，已是电子竞技产业发展的必由之路。2020年9月，LPL预告逐步实施俱乐部及选手财务公平规则，使电子竞技职业选手拥有体育赛事联盟中的"工资帽"，表明了电子竞技选手也在进一步体育化。

2020年8月，全球电竞运动领袖峰会在海南召开。在此次电竞行业领袖云集的峰会上，电子竞技要向传统体育运营模式和传统体育产业生态系统发展，是诸多从业者的共识。

创办和运营更加体育化的赛事，以及呈现更加体育化的赛事内容，都可以为电子竞技赛事带来积极和正面的影响。赛事的呈现场所是场馆，将传统体育竞赛的场馆运营经验完美移植到电子竞技竞赛中，可使电子竞技赛事体育化向前迈进"一大步"。

由此来看，电子竞技的体育化让其收获了官方认可和广泛的大众认知，也为赛事运营和内容呈现汲取了许多的先进经验。展望未来，电子竞技赛事会朝着更加成熟的体育化方向发展，电子竞技行业的专业化发展更是趋势所在。

7.2 电子竞技娱乐化

电子竞技走向专业化后，初步得到大众的认可。在此基础上，电子竞技的发展需要趋向娱乐化和全民化。

电子竞技朝娱乐化方向发展，可为电子竞技创造新的内容形式，也可以生产电子竞技泛娱乐化的事物,最终使电子竞技娱乐化保持成熟和稳定的发展趋势。

7.2.1 电子竞技娱乐化的表现

娱乐化是指内核不具备娱乐性质的事物通过轻松、有趣的形式进行展示。通过娱乐化的概念,大众可以将电子竞技娱乐化理解为趣味性十足的电子竞技赛事活动。

电子竞技娱乐化的表现包括明星参与赛事和为电子竞技项目聘请代言人,以及邀请社会知名人士助力电子竞技赛事等,这些活动表现都可以将电子竞技推向更加全民化的道路。

1. 明星直接参与赛事

邀请社会知名人士或公众人物,尤其是娱乐明星参加电子竞技比赛,是电子竞技赛事娱乐化和大众化最为直接的表现。

在明星表演赛中,喜剧艺人的幽默话语可以为电子竞技赛事拉满喜剧效果,明星艺人不同于职业选手的打法风格,也让赛事直播间的弹幕数量激增,这大大增添了电子竞技赛事的趣味性和可看性。

2. 代言人助力电子竞技赛事

近年来,一些头部电子竞技项目会聘请代言人来对项目进行宣传和推广,同时在电子竞技职业联赛的现场,也可以看到明星对电子竞技赛事的支持和助力,不管是聘请代言人还是明星的到场支持,都是电子竞技娱乐化的表现。

代言人或明星嘉宾助力电子竞技赛事,可以使赛事氛围更加热闹和欢乐,同时还可以为电子竞技赛事增添趣味性和娱乐性,这也是其成为电子竞技娱乐化表现的原因。

除了明星赛、聘请代言人和助力表演外,游戏商为了拓宽电子竞技项目的用户层面,也会为赛事或电子竞技项目中的角色英雄量身定制主打歌或主题曲,利用流行音乐增加电子竞技的娱乐性并向不同圈层的用户推广电子竞技。

歌曲《侠客行》是《王者荣耀》中李白英雄的主打歌，在 QQ 音乐中它的收藏量已经突破 100 万人次，留言也已经突破了 60 万条。《王者荣耀》世界冠军杯主题曲《Evolve（淬炼）》和鲁班英雄主打歌《智商二五零》等也都突破了百万收藏量。这些数据都是《王者荣耀》娱乐化成果在流行音乐中得到的极佳体现。

电子竞技赛事的娱乐化，让电子竞技拥有更加明显的出圈效应。只有当电子竞技成为主流的娱乐活动后，才能吸引更多的人看到并了解电子竞技，实现电子竞技全民化。同时，电子竞技也才会拥有更好的产业前景。

7.2.2 电子竞技泛娱乐化的意义

电子竞技泛娱乐化是指将电影、音乐、直播和周边等文化产品与电子竞技相融合。电子竞技的泛娱乐化是电子竞技行业发展的必然成果，同样也是电子竞技文化为广大玩家提供的娱乐享受。

1. 文化输出

在第三届《DOTA 2》亚洲邀请赛中，主办方通过现场与玩家互动赠送"围棋"礼品，将我国优秀的传统文化融入电子竞技赛事中。

主办方还可以将我国传统文化融入电子竞技的泛娱乐化产品中，或者在显示器、键盘、鼠标和座椅等外部设备上融入一些传统文化元素，在增加产品和设备观赏性的同时有效实现文化输出的目的。

2. 借助娱乐资源完成推广

赛事、直播与游戏，这三者的关系是相辅相成的，使用优质的直播和赛事内容满足玩家的娱乐和对抗需求，从而吸引更多观众开始使用游戏项目。在游戏项目有了一定的用户基础后，可以通过开发和培养游戏 IP，并对游戏 IP 进行泛娱乐化发展，完成为游戏项目二次吸引用户的目的，这是提高电子竞技项目热度的有效方式。

例如 2020 年播出的影视剧《穿越火线》，其通过游戏 IP 的名称和相关剧情，为电子竞技项目带来新的用户和游戏角色，帮助《穿越火线》电子竞技项目提升用户活跃量。

在泛娱乐背景下，电子竞技行业应该与影视、音乐和综艺等娱乐行业进行跨界合作，借助娱乐行业的用户资源，积极推广和宣传电子竞技产业。而其中，电子竞技项目与影视产业的跨界合作，尤为值得关注。

在我国影视行业极为繁荣的今天，影视产业是拥有广泛影响力的大众娱乐产业，凭借影视剧的影响力，提升电子竞技的认知度和普及度，是电子竞技泛娱乐化的一个良好发展模式。

一般情况下，电子竞技产业自身也拥有许多知名的品牌 IP，这些 IP 都具有泛娱乐化开发潜力，将电子竞技的品牌 IP 进行影视开发，不仅能够延伸电子竞技的产业链条和增加电子竞技衍生品收入，还能对电子竞技产业进行更加广泛的社会化推广，从而为电子竞技产业吸引更多的用户。

7.3 电子竞技移动化

随着移动设备用户的增长以及爆款手游的出现，各个年龄阶段的电竞爱好者开始进入移动端电子竞技领域。同时由于移动端电子竞技项目的灵活性（随时随地皆可进行电子竞技），使电子竞技移动化得到快速发展。

7.3.1 移动电竞的概念

移动电子竞技（mobile electronic athletics）是指使用移动端电子设备使电子游戏比赛达到"竞技"层面的活动，即利用手机、平板电脑和 PSP 等移动电子设备作为载体进行的人与人之间的智力对抗运动。

通过移动电子竞技运动，可以锻炼和提高参与者的思维能力、反应能力、四肢协调能力和意志力，如果进行团队竞技活动，还能培养团队精神。

移动电子竞技的载体与 PC 端电子竞技的载体相比，具有灵活性、竞技性和娱乐性等特点。

7.3.2 移动电竞的兴起

由于移动电子竞技的灵活性，手游用户逐渐多于 PC 游戏用户，在此趋势下，移动电子竞技产业得到快速发展。

从移动游戏用户规模来看，2013 年，我国移动游戏用户数量已有 3.1 亿人，其中移动网络游戏用户超过 2 亿人，如此庞大的用户群体为移动电子竞技赛事的举办奠定了基础。

从游戏技术来看，游戏画面与系统灵活度等客观因素随着移动设备的不断升级已经趋于成熟，这为移动电子竞技带来了更多的优势，加快了移动电子竞技的发展。

从游戏类型来看，从第一人称视角射击游戏《和平精英》到策略游戏《部落冲突》，再到卡牌游戏《三国杀》和多人在线竞技游戏《王者荣耀》，市面上的爆款游戏已经包含了几乎所有的游戏类型，同时大部分的爆款游戏已经具备了竞技的特质，这使得电子竞技赛事的举办事半功倍。

近年来，当游戏厂商作为主办方举办的电子竞技赛事开始遍地开花时，竞技类手游也逐渐进入玩家视野中，手游开始兴起。2014 年 3 月 28 日，由全球游戏竞赛及文化活动的组织者（AGN）和全球移动游戏联盟（GMGC）共同创办的全球电子竞技大赛（World e-sports Championship Games，WECG）成立，我国已经发布的《全民枪战》竞技手游成为 WECG 的移动电子竞技项目。

QQ 手游凭借自身丰富的游戏项目以及广泛的用户基础，于 2015 年 3 月 20 日举办第一届 QGC 大赛。此次大赛吸引了 1 222 多万人报名参与，掀起了移动电子竞技赛事的高潮。第一届 QGC 大赛历时一个月，于 2015 年 4 月 19 日在上海举办总决赛，共决出《天天酷跑》《天天飞车》《节奏大师》和《全民突击》4 个项目的 5 名冠军（《节奏大师》包括手机组冠军和平板组冠军）。这是国内移动电子竞技领域第一次举办综合赛事，赛事的成功落幕，为之后的移动电子竞技发展打开了一个良好的开端。

2016年，《王者荣耀》职业联赛（KPL）横空出世，凭借《王者荣耀》游戏积累的用户基数，迅速抢占当时国内尚未发展起来的移动电子竞技领域。根据数据显示，首届KPL累计观赛量高达5.6亿人次，有效观赛用户达6 900万人，惊人的收视反馈将移动电子竞技的品牌概念带入大众视野。

经过5年的发展，KPL已经成为全球收视第一的移动电子竞技联赛，成为现阶段移动电子竞技赛事中的"领跑者"。

7.3.3 移动电竞的发展策略

移动电子竞技的上游、中游和下游产业链达到良性衔接后，实现了生态循环，而移动电子竞技自身的"造血"能力，则有助于减小其对资本市场的依赖。

1. 提升产品质量，完善游戏设备

通过PC端电子竞技的发展规律可以得到一个结论：需要玩家花费大量时间的重度化大型游戏是电子竞技行业的基石。以PC端电子竞技为例，正因为《魔兽争霸Ⅲ》《反恐精英》《DOTA 2》和《英雄联盟》这些品质游戏的存在，电子竞技行业才能顺利发展。

移动端出现拥有竞技元素的大型重度化手游产品，例如《荒野乱斗》《和平精英》和《王者荣耀》等，它们为移动电子竞技的发展奠定了初步基础。也就是说，移动端游戏中优秀和具有代表性的游戏产品数量，决定着移动电子竞技未来的发展空间和发展潜力。

智能手机作为移动电子竞技游戏的主要载体，其性能直接影响用户的游戏体验和比赛的观赏性。此外，操作性是电子竞技的基础，目前移动电子竞技被自身载体的问题所限制，为了移动电子竞技能够得到更好的发展，市场将应运而生出专门适配于移动电子竞技的专业手机或相关专业硬件设备。

2. 构建移动电竞生态圈

现阶段的电子竞技及其衍生的移动电子竞技对于大众来说，具有较高的参与价值和观赏价值。作为体育产业的一部分，移动电子竞技的发展能够带动相关文化业、信息业和制造业的发展。

为了使移动电子竞技行业能够良性发展，政府部门应该制定更为完善的法律、法规体系和出台相应的扶持政策，用以规范行业秩序，同时促进行业更快地迈入正轨。具体实施措施包括以下四个方面：

（1）在移动电子竞技项目上，加强知识产权和版权保护；

（2）在电子竞技员职业化上，加强保护职业玩家的利益、实行运动员注册制度，完善对职业或半职业运动员的保障机制；

（3）在赛事上，加强对裁判员的培训工作并制定完整的比赛机制，以确保比赛的公平性、公正性和公开性；

（4）在赛事内容传播上，应对相关网络直播平台进行整合，对一些与赛事内容无关主播进行封禁惩罚。

移动电子竞技的经济利益和体育竞技的平衡问题将决定移动电子竞技的发展命运，因此移动电子竞技生态圈的建设变得尤为重要。

建设移动电子竞技生态圈需要保障电子竞技体育竞技的本质，简单来说，就是淡化商业利益，营造公平的竞技环境和平台，使用优秀的竞技类游戏产品和培养用户的忠诚度，最终使用公平的比赛环境回报玩家的付出和喜爱。

当移动电子竞技拥有成熟且稳定的用户基础之后，不同的电子竞技项目会产生许多优秀的玩家，此时，可以在线下举办专业性质的移动电子竞技赛事或线上娱乐性质的赛事，加快移动电子竞技生态圈的构建。

3. 完善移动电竞产业链

电子竞技发展历史可以为移动电子竞技提供有效思路，使其快速形成初具规模的产业链。完善移动电子竞技产业链的同时可以继续效仿PC端电子竞技的发展，但在发展期间，也需注意二者的差异性。

移动电子竞技与PC端电子竞技的不同之处，主要是移动电子竞技中游和下游部分的基础不够扎实,过于依赖上游的运营商。由于在完整的移动电子竞技产业链中,中游的赛事运营是核心内容,而下游的产业延展应该反哺上游和中游,因此中游和下游的建设对完善移动电子竞技产业链和实现产业链闭环来说非常重要。

在中游的赛事运营上,俱乐部需要完成职业选手的选拔、培养和保障工作,赞助商需要完成商业化与体育化的结合运营,相关监管部门则应完成监管工作。

在中游的媒体渠道方面,各直播平台、视频网站和电子竞技媒体需要开发出便于玩家观看比赛的技术,并对移动电子竞技赛事内容进行有效传播。

下游的电子竞技商家和游戏周边作为整个产业的"造血"机制,需要具备变现能力。移动电子竞技商家可以效仿PC端电子竞技培养主播和打造明星选手的方法发展粉丝经济;自媒体视频生产以内容为主的产品实现IP变现,还可以利用广告和出售虚拟物品实现IP变现。基于在手机端开展移动电子竞技的缺陷,游戏周边应以开发和售卖手机手柄等辅助性的外设装备为主。

7.3.4 5G电子竞技

5G,全称为第五代移动电话行动通信标准,也被称为第五代移动通信技术。5G是4G网络的延展和升级,升级后的网络速度不管是对移动电子竞技还是通信领域,都是质的飞跃。图7-1所示为4G网络和5G网络下载速度的对比示意图,由此可见,5G网络将变革大众的电子竞技体验。

除了网速的提升外,低延迟将是5G带给移动电子竞技最大的福音。目前4G技术的时延一般在30~50毫秒,而5G技术的时延仅为1毫秒。

例如,在《和平精英》电子竞技项目中使用4G网络,一般会出现40~70毫秒的延迟,而出现50毫秒以上的延迟时,将会偶尔出现瞄准

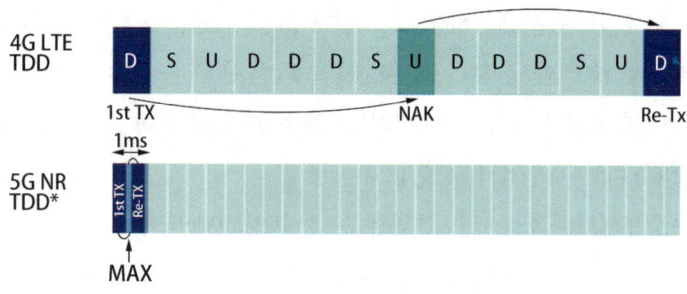

图 7-1　4G 网络和 5G 网络下载速度的对比示意图

目标实现射击时却无法狙击成功的现象。此种情况的发生，既影响玩家的电子竞技体验，也影响电子竞技比赛的公平和公正。

5G 能给电竞行业带来的机遇，有以下几点：

1. 催生精品移动电竞项目

根据数据显示，我国是 5G 网络应用的最大市场，全球份额预计超过 50%。大份额的市场占有率和快速的 5G 网络，有助于游戏开发商研发出更具影响力的电子竞技项目。

2. 更丰富的产业变现能力

电子竞技作为体育产业的一部分，玩家和观众是电子竞技产业变现的方式之一。玩家和观众把电子竞技作为娱乐内容，通过 5G 高清多视角直播 + AR/VR 全景直播，获得沉浸式和交互式的观看体验，从而增强商业变现能力。

3. 用户网络权益运营赋能电竞行业

运营商可以为用户、移动应用和终端提供网络权益。例如，腾讯王卡的专属权益和《王者荣耀》游戏内的网络权益等，运营商将 5G 的网络权益赋予电子竞技项目，使运营商和电子竞技项目实现双向共赢。

7.4　电子竞技全民化

电子竞技行业进入螺旋上升式发展的成熟期后，热度居高不下，大众群体中的年轻人对电子竞技的关注度甚至超过了很多传统体育项目，电子竞技赛事也成为了新的潮流。在未来，年轻人将是社会的中流砥柱，这也意味着电子竞技的发展方向将是全民化。

7.4.1 电竞文化的传播

电子竞技的出现对人类社会产生了巨大且深远的影响。从学科知识角度来看，电子竞技涉及的专业知识非常广泛，其创造的价值是无法估量的，正是这些影响和价值为电子竞技塑造了一个文化圈层。

知识链接

文化的概念

文化是人类社会相对于经济和政治而言的精神活动及其产物，分为物质文化和非物质文化。也就是说，文化是人类某种行为的群体表达，它包含了习惯、心理和情感等因素，文化不是某一个个体的例外行为，而是群体中的多个个体都会产生的行为。

1. 电竞文化

电子竞技作为近年来新兴的一个世界性文化现象，产生了极为深刻的社会影响。2017年，国际奥林匹克委员会宣布，同意将电子竞技视为一项"体育活动"，表明当前电子竞技运动已经获得了国际和国内体育组织的认可和重视。

2018年，电子竞技行业的全球观众总数突破4亿人，规模如此庞大的市场和受众群体，其文化内涵的影响必定深远而广泛。

作为一种传播手段非常广泛的体育项目，电子竞技在文化传播方面有自身的局限性和优势，应当对症下药并重视起来。

我国电子竞技行业的文化底蕴积累较短，同时电子竞技作为一种新兴的体育项目，其自身发展的历史也较短。我国在传播和发展电子竞技文化过程中还缺乏大量的理论依据与实践经验，如何借鉴电子竞技文化发展的国际经验和项目经验对于我国电子竞技文化的建设意义重大。

2. 电竞文化传播的广泛性

电子竞技文化的传播具有广泛性。出现跨区域的游戏平台后，使得电子竞技项目不再局限于单一区域，从而实现了电子竞技全球市场的互联。电子竞技通过互联网达到了传播的巅峰，2020 年仅《英雄联盟》中国联赛的互联网全年观看量就达到了 200 亿人次以上。

电子竞技文化的广泛传播，使得电子竞技的全球化和全民化趋势显著，图 7-2 所示为 2019—2020 年 LPL 的直播观看数据。

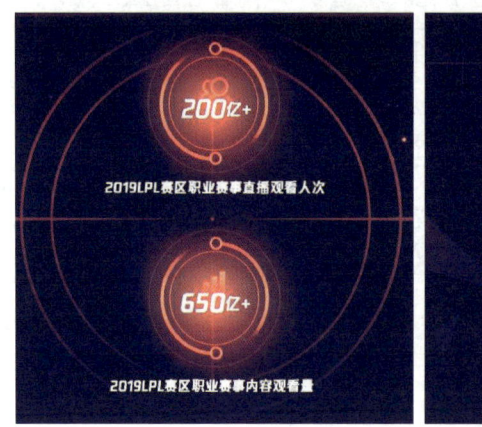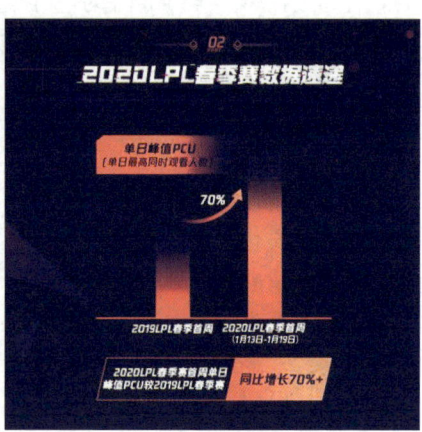

图 7-2　2019—2020 年 LPL 的直播观看数据

3. 电竞文化交流的互动性

电子竞技文化通过与传统文化不同的载体进行输出，新的载体使电子竞技的交流成为双向互动。

从电子游戏本身来说，电子游戏具有十足的反馈性。从电子竞技的角度来说，电子竞技职业选手可以和队友乃至对手进行非常便利的相互沟通，他们每个人都有自己专属的游戏直播间，选手练习游戏技术时开设直播间，可以方便和大众进行电子竞技的沟通和交流，体现了电子竞技文化交流的互动性。

4. 电竞文化的载体作用

电子竞技依托电子设备，而电子竞技项目由人为设计而成，使得任一电子竞技项目都包含了大量的文化因素。电竞爱好者在玩游戏的同时将潜移默化地接受游戏中包含的文化因素,而电子竞技项目的人为设计性也使得游戏制造商可以有选择地将文化纳入项目中,这对于游戏制造商弘扬本土文化具有非凡的意义。

7.4.2 用户量增加

电子竞技全民化的重大表现之一就是不断增加的电竞用户量,并且用户量中的男女比例也在发生显著变化。

《2020年中国游戏产业报告》数据显示,2020年,我国游戏用户数量保持稳定增长,用户规模已达6.65亿人,同比增长3.7%。图7-3所示为2014—2020年我国游戏用户规模和增长率的柱状图。

图7-3 2014—2020年我国游戏用户规模和增长率

2020年,我国电子竞技游戏用户规模已达4.88亿人,同比增长9.65%,比上年同期增长0.43亿人,电子竞技用户数量保持稳定增长。图7-4所示为2016—2020年我国电子竞技用户规模和增长率的柱状图。

图 7-4　2016—2020 年我国电子竞技用户规模和增长率

知识链接

电子竞技的用户性别数据统计

2020 年，我国的电子竞技用户仍以男性为主，占比高达 64%，女性比重则由 2018 年的 19% 提升至 36%。

从年龄数据进行分析，2020 年我国电子竞技用户年龄集中在 19~22 岁，占比高达 39.7%，其次是 31~39 岁，占比为 17.0%，如图 7-5 所示。

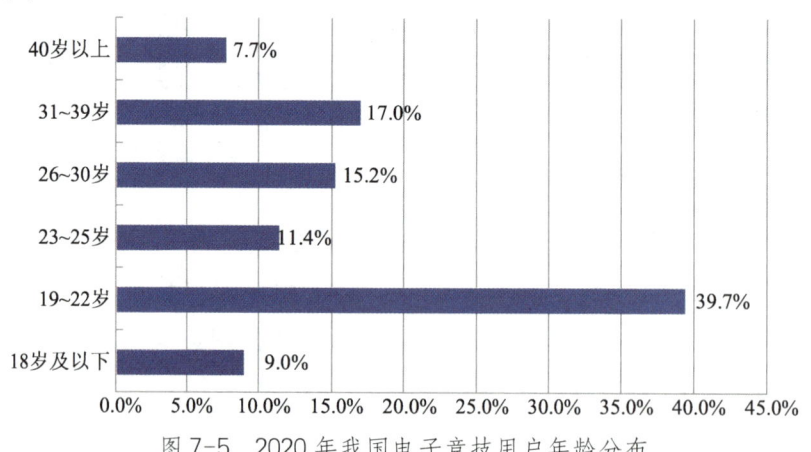

图 7-5　2020 年我国电子竞技用户年龄分布

7.4.3 电视转播

在电子竞技全民化趋势的带动下，许多电子竞技赛事的制作方开始尝试使用电视对赛事进行转播，让不习惯操作计算机和移动设备的观赛人群，能够在电视上观看电子竞技比赛，既拓宽了用户群，也创新了电子竞技文化的传播方式。

2018 年，《英雄联盟》《皇室战争》《炉石传说》《实况足球》和《星际争霸Ⅱ》6 个电子竞技项目获得了亚洲奥林匹克理事会的批准，成为第 18 届雅加达亚运会的表演项目。

在雅加达亚运会的总决赛现场，制作方使用了多种电子竞技转播新技术，使不在现场的观众不仅可以观看直播，还可以在电视上观看转播的赛事。

电子竞技赛事流程单一、比赛全程选手固定在座位上以及选手很少出现位置变化，这使得在大众认知中，电子竞技与传统体育项目的转播相比，不管是制作还是输出都相对简单。但是，电竞转播其实是一项大规模和多系统的制作工程。

一场大型的电子竞技比赛，其播出分为两部分：一部分是 OB 基于游戏服务器对电子竞技画面的选择呈现，这一部分由电子竞技场馆中的 OB 负责切换，被称为"上帝视角"；另一部分是对现场过程和选手表现的呈现，这一部分的电子竞技内容和传统电视转播密切相关。

早在 2017 年，国内顶级电子竞技赛事运营商 VSPN 就已打造了我国第一辆电子竞技赛事专用超高清 4K 转播车。

全车通过使用广播电视行业顶级设备提供商的核心产品，极大地提高了赛事转播的制作标准。同时，转播车配备了美国草谷（Grassvalley）公司的 LDK 系列 4K 摄像机和全套视音频周边产品，提升了赛事转播画面的清晰度和流畅度以及赛事音质的立体感和震撼度。

在《英雄联盟》S7 总决赛的电视转播区中，赛事制作方准备了 6 套不同的转播设备，包括一辆专门制作 AR（augmented reality，增强现实）节目的包装车、3 辆卫星车，还有能够无缝切换的双发电机和备份发电机，以及制作高级别和大规模赛事转播时所用的 5M/E 制作切换台等，这些设备都是为了让电子竞技的电视观众能够更快和更好地观看赛事而配备的。

VR、AR 以及 MR（mixed reality，混合现实）技术的提升能够进一步加强电子竞技直播和转播的视觉效果，使观众的参与度得到有效提高。

电子竞技直播、VR 电子竞技、VR 直播和电子竞技电视转播等文化传播方式相辅相成，成为整个互联网和电子竞技泛娱乐的一部分。在未来，其通过不断革新技术，将推动电子竞技全民化更快发展。

7.5 VR 电子竞技

2016 年，VR 消费级产品的出现（HTC、Oculus 和 SONY 三大头显的陆续发售），使得这一年成为公认的"VR 元年"。

VR 量级产品出现后，多家互联网大厂开始布局，使资本大量涌入 VR 行业。同时电子竞技行业在这一年开始爆发，两大行业的叠加和交互推动了 VR 电子竞技的快速崛起。电子竞技成为用户体验 VR 技术的一个主要内容入口，而 VR 技术则能够为玩家提供更好的游戏体验。

7.5.1 VR 电子竞技

虚拟现实（virtual reality，VR）技术的突破性发展和相关设备的不断普及，为 VR 电子竞技的发展奠定了基础。

随着 VR 技术的不断推进以及电子竞技产业整体生态的成熟和完善，VR 电子竞技逐步进入高速发展期。但是，目前的 VR 设备价格过高，多数普通玩家无法承担高额的设备费，导致短期内无法广泛普及 VR 电子竞技。

如果举办 VR 电子竞技赛事，凭借 VR 头显的百万用户群体，可以快速对 VR 设备进行优化和普及，同时还能加速推动 VR 游戏的发展。而 VR 游戏的快速普及与推广，可以为 VR 电子竞技的成长和发展奠定良好的用户基础与市场基础。

与传统游戏相比，VR 游戏具有更强的沉浸感和更真实的动作交互，这些感受能让用户获得更好的游戏体验。因此，VR 游戏超强的沉浸感和交互性更适合作为电子竞技运动的比赛项目。

在短期内 VR 产品无法大幅降价的情况下，创新经营模式成为必然选择。基于此种设定，以 VR 免费内容和设备为基础，再搭配电子竞技赛事，积极构建以"VR＋泛娱乐"为核心的创新经营模式，促使 VR 电子竞技得以发展。

对于无法亲自去到电子竞技比赛现场的电竞爱好者来说，赛事直播成为他们观赏比赛的渠道之一。如果 VR 技术能够带领观众进入游戏场景，即身临其境般感受电子竞技比赛的全过程，将大幅提升电子竞技赛事的观赏性，为观众带来前所未有的视听盛宴和观赛体验。

在未来，VR 技术与电子竞技行业需要进行更加深度的融合，为玩家和观众带来完全无干扰的沉浸式游戏体验和观赛体验。

7.5.2　VR 电子竞技大赛

VR 电子竞技国际大赛（Virtual Reality Esport Season，VRES）是目前最专业、国际化和顶级的 VR 电子竞技大赛。2020 VRES 大赛于 2020 年 10—11 月在北京成功举办。

作为"电竞北京 2020"系列赛事的收官之战，在北京市委宣传部和北京市国有文化资产管理中心的指导下，以及海淀区委宣传部和中关村电竞产业协会的支持下，VRES 大赛是由当红齐天集团、北京海淀文旅集团和北京卓樾网络科技有限公司联合发起的全球 VR 电子竞技大赛。

为了加强 VR 爱好者对电子竞技的了解、互动和交流，同时为了促进大众更加多元化的生活方式，相关单位充分利用媒体的宣传优势以及街道、地标性建筑的媒体资源，协助大赛进行赛事氛围的营造工作。

2020VRES大赛设立了中国、韩国、泰国和新加坡4个赛区6个分站赛。同时VRES大赛吸引了全球2 000余支战队报名和10万余名电竞爱好者关注和支持。

总决赛当天，8支从4个赛区6个分站赛晋级总决赛的战队经过激烈角逐，最终决出冠军——我国成都赛区的TCK战队。

主办方希望VR爱好者与游戏玩家可以共同享受VR电子竞技最真实的体验，因此将完整的赛事盛况在各大直播平台进行了同步直播，还邀请了游戏行业的专业媒体和自媒体对大赛进行全方位的深度报道。

总决赛现场全程通过"5G+8K"技术向全球的VR爱好者和电子竞技爱好者进行直/转播，此次大赛是全球首个采用"5G+8K"技术进行直/转播的电子竞技赛事，也是对北京冬奥会测试赛采用的"5G+8K超高清直/转播技术"的全方位测试。

2020 VERS大赛立志为众多VR电竞玩家与观众带来极致的赛事体验。因此，参赛选手需要在虚拟的三维世界中感受最真实的3V3对战情景，并通过主动出击与不断变换位置躲避攻击获取最终的胜利。

知识链接

知名社会人士体验VR电竞

VRES主办方在总决赛赛场外围的展示体验区，设置了VR滑雪、滑冰和攀岩等互动体验冬奥项目。2008年北京奥运会男子佩剑冠军仲满、2006年意大利都灵冬奥会双人花样滑冰银牌获得者张丹和2015年国际攀联世界杯年度总冠军钟齐鑫等社会知名人士到场体验了VR体育设备。

在电子竞技比赛中，选手们只需在电脑前操作而无需全身运动，使得电子竞技运动与传统体育项目相比具有割裂感，也让电子竞技运动在正式成为奥运会项目之路上颇受质疑。如今，VR电竞赛事需要选手全身穿戴设备,并在指定舞台上利用部分动作获得胜利,这使电子竞技运动与传统体育项目产生了共鸣,也使电子竞技运动更具体育精神。

7.6 电子竞技教育

由于电子竞技这个朝阳行业的发展非常迅速,市场缺乏行业所需的专业人才。于是,国家根据行业现状开始大力推进电子竞技教育。接下来将从电子竞技教育的概念、分类、专业课程、职业规划和就业情况等方面阐述我国电子竞技教育的现状。

7.6.1 电子竞技教育的概念

电子竞技行业的快速发展,使行业人才缺口越来越大。数据显示,截至 2020 年年底,电子竞技从业人才缺口已达 50 万人。巨大的人才缺口促使电子竞技教育的开始与发展。

电子竞技行业形成完整的产业形态后,越来越多的人已经接受了"电子竞技不等于打游戏"的概念。同时电子竞技教育也不是科普怎样打游戏,而是培养电子竞技行业缺少的技能型人才。

目前,电子竞技教育主要是指教育机构对电竞从业知识的普及和宣传,分为普通高等学校全日制脱产电竞专业教育和培训机构多种选择的灵活性教育两大形式。

在普通高等学校中,电子竞技运动与管理以及艺术与科技等专业统称为电竞专业。

2016 年 11 月,电子竞技运动与管理被正式认证为高职类专业,电子竞技高职教育在国内得到了稳定发展。截至 2021 年 1 月,国内已经有 50 余所院校开设了电子竞技专业,并进行招生办学。图 7-6 所示为 2020 年开设电子竞技专业的统计数据。

序号	学校	专业	学历	学费/年
1	北京吉利学院	电子竞技运动与管理	专科4年	19 800元
2	山东蓝翔电竞学院	电子竞技管理班	专科3年	免费试学
3	锡林郭勒职业学院	电子竞技运动与管理	专科2~3年	4 500元
4	南昌工学院	电子竞技运动与管理	专科3年	12 500元
5	四川电影电视学院	电子竞技运动与管理	专科3年	15 000元
6	四川传媒	电子竞技运动与管理	专科3年	18 000元
7	四川科技职业学院	电子竞技运动与管理	专科3年	8 000元
8	湖南体育职业学院电竞专业	电子竞技运动与管理	专科3年	4 600元
9	信阳涉外职业技术学院	电子竞技运动与管理	专科3年	5 700元
10	合肥共达职业技术学院	电子竞技运动与管理	专科3年	7 000元
11	安徽体育运动职业技术学院	电子竞技运动与管理	专科3年	具体不详
12	哈尔滨科学职业技术学院	电子竞技运动与管理	专科3年	具体不详
13	黑龙江商业职业学院	电子竞技运动与管理	专科3年	6 000元
14	长春健康职业学院	电子竞技运动与管理	专科3年	10 500元
15	北京华嘉专修学院电竞教育	电子竞技运动与管理	大专2.5年	18 800元

图7-6　2020年开设电子竞技专业的统计数据

在传统教育中，学历教育偏向于理论，而电子竞技教育应该侧重于理论与实践相结合的教育方法，在现有的学科教育基础上附加电子竞技行业的概念及知识，从学科本身出发结合电竞，例如："管理＋电竞""设计＋电竞""研发＋电竞"等。

在技术教育中，为侧重于学生职业技术技能的培养，可以将电子竞技教育与传统内容相结合，例如："电竞＋赛事运营与管理""电竞＋直播与解说"等，也就是说从电竞出发，向周边衍生。同时还应该考虑学生的年龄、心性和教育方式方法等问题。

对于电竞人才和电竞教育的未来，应该从教育本身出发，再与电竞内容相结合，为电竞行业培养集知识与技术为一体的复合型人才。

7.6.2 电竞专业

2017年1月,中国传媒大学开设了电竞专业——艺术与科技。艺术与科技(数字娱乐方向)专业主要培养游戏策划以及电子竞技运营与节目制作的相关人才。

> **知识链接**
>
> **数字娱乐方向的专业**
>
> 数字娱乐方向的专业与传统的网游策划相比,不仅包括线上的游戏剧情和世界观构建,还包括线下的大型活动策划。数字娱乐与其他数字媒体的专业相比,其课程主旨是对游戏策划的赏析和理解,因此,专业课程体系会有很大不同。

2017年6月,四川电影电视学院与成都电子竞技协会签订协议,开设"电子竞技运动与管理"专业,并于2017年9月正式招生。之后,四川传媒学院和四川科技职业学院等高校也相继宣布开设电竞专业。

2017年9月,中国传媒大学南广学院(后改名为南京传媒学院)成立了国内首个本科电竞学院,学院开设了策划与设计电竞游戏的艺术与科技专业及为电子竞技赛事解说与主播的播音与主持艺术专业。至此,南京传媒学院成为全球首个专业从事电子竞技品牌设计、赛事解说、赛事运营和战队管理的本科高等教育院校,图7-7所示为2017年中国传媒大学南广学院关于成立电竞学院的通知文件。

图7-7 2017年中国传媒大学南广学院关于成立电竞学院的通知文件

7.6.3　电竞职业规划

学生的个性不同，兴趣也不同，在向学生讲解电子竞技相关知识的同时，还要向学生讲解电子竞技职业规划与从业选择的内容，帮助学生思考自己未来的职业规划。

学生在进行职业规划的时候，通常需要考虑以下几个方面的因素：自身的兴趣和期望；自身的特点；社会因素；发展因素。

根据电子竞技行业的企业性质，可以将整个电子竞技行业的职业分为四类，如表7-1所示。学生可以根据表中的职业分类结合自身的特点和兴趣确认电竞从业执业方向，然后收集这个行业的人才信息，再根据信息培养自己的个人能力，这样不仅可以在学习生活中不断丰富自己的学识，还可以使自己在竞争中一直处于相对优越的位置。

表7-1　电子竞技行业的职业分类

职业分类	具体职业
游戏研发	美术组、制作组、程序组、市场运营组、商务组、客服组和测试组等
俱乐部	职业选手、教练、领队、数据分析师、翻译、心理医生、康复医生、视频制作人员、平面设计人员、内容运营人员和商务人员等
赛事运营	赛事策划、导播、赛事OB、现场导演、视频及赛事周边节目制作人员、美工及包装人员、技术人员、推流执行人员、赛事专员、后勤保障人员、执行制片人员、裁判和解说等
衍生	电竞培训讲师、主播和代练陪练等

电竞专业的职业发展主要集中在电竞产业或电竞衍生产业，一般的电竞从业人员的职业发展与传统行业的企业员工相似，这就要求电竞从业人员需要具备更多其他行业的专业技能。在面对职业发展选择时，一般的电竞从业人员大多选择行政、技术或管理方向的发展路径。而在电竞行业，职业选手的职业发展相较其他从业人员来说，是较为特殊的。

1. 职业选手的发展

职业选手的发展主要体现在在役时的比赛成绩和影响力以及退役后的职业生涯发展。选手退役后的转型并不是职业选手的个人意愿，更多情况下反映了行业发展的状况、个人的能力素质以及一定的机遇。因此，电竞职业选手在进行职业发展规划之前，除了要考虑个人的兴趣和爱好外，还应该密切关注电竞行业的发展状况与趋势，并综合评估个人能力与条件，以完成科学而可持续发展的职业规划。

2. 一般从业人员的职业发展

电竞行业的一般从业人员职业发展路径主要包括行政、管理和技术三个方向。电竞行业不同的职业性质影响从业人员的职业发展方向。例如，视频制作和平面设计等岗位比领队和赛事运营等岗位的职业发展更偏向技术。随着电子竞技行业内分工更加细致和明确，行业对管理人员的需求也会越来越大。

综上所述，口才较好和熟悉游戏的学生可以选择主持、主播和解说等职业；会视频剪辑处理、了解游戏并熟悉赛事的学生，可以选择电竞内容与媒体平台的栏目策划和节目策划等职业；而游戏技术过关且喜欢分享操作和指导他人的学生，可以选择职业战队、业余战队和企业战队等战队的教练职业。

（1）从业人员素质要求

由于电竞行业非一个人、一个团队或一个组织所能运行，所以从业人员需要具备沟通能力、团队合作能力、解决问题能力、创新能力、规划与组织能力、自我管理能力、学习能力和技术能力。

（2）正确认识岗位，形成良性人力资源结构

在岗位选择上，只有9.9%的社会人士希望成为赛事核心人员，但是这个数值在高中生中高达35.1%。这是因为高中生对电竞岗位认知不够，所以如何向他们阐述电竞从业者和电竞赛事核心人员之间的区别，是一个必须要完成的任务。33%的社会人士想要进入电竞企业的职能部门是由于缺乏专业知识和技能但是又对电竞感兴趣，所以在职能类

工作的择业过程中出现明显的偏向性。

在社会人士和高校生群体中，对不同电竞岗位的认知度相对均衡，这对行业人力资源结构逐渐趋于良性有一定的帮助，也可以防止严重的供需矛盾出现。图7-8所示为各界人士对进入电竞行业想要从事岗位的统计。

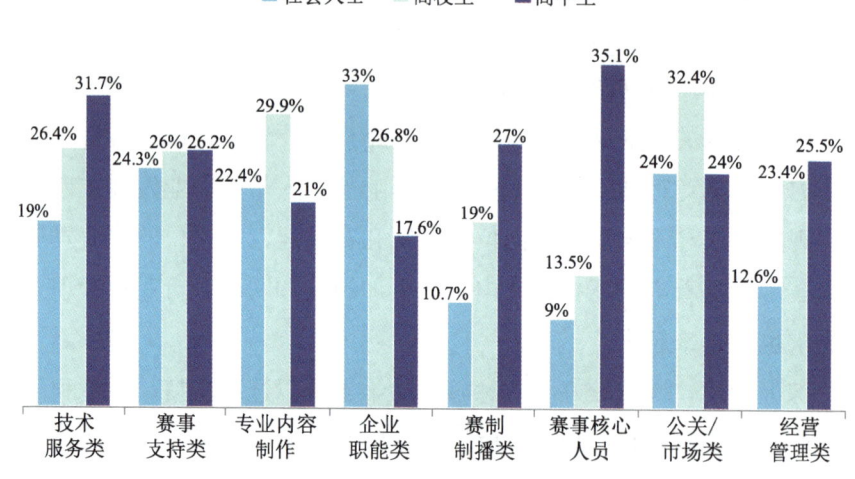

图7-8　各界人士对进入电竞行业想要从事岗位的统计

（3）影响职业适应的因素

对于初入职场的学生来说，社会、家庭、业务能力、自身认知能力、人格心理发展、意志品质以及情绪等因素的影响，使其在"学生"到"职业人"的转换过程中伴随着角色冲突。这种冲突影响职业适应能力，主要表现为自身因素和环境因素。

其中，自身因素又分为身体因素、心理因素、认知因素和性格因素四方面。

① 身体因素：拥有健康的身体是快速进入职场的基础。

② 心理因素：尽量调整理想与现实的差距、期望与实际的不平衡。

③ 认知因素：尽快从"学生"角色定位中走出来，明确"职业人"角色的行为规范。

④ 性格因素：努力克服个人性格缺陷，培养良好的职业素养，以良好的心态对待工作。

对于环境因素的变化，角色在转换过程中会出现心理抵触、自理能力差、行为懒散、举止随便、迟到早退、没有计划和节制等行为习惯，这些行为习惯与企业的职业要求相违背，并且影响自身快速适应工作状态。

然而职业适应能力在职业发展过程中非常重要，它不仅可以决定个人职业初期的工作完成度，还会影响个人职业发展的方向和高度。因此，学生在进行职业规划时，必须充分考虑到自身的职业适应能力。如果提高个人的职业适应能力，其可以充分认识职业角色的转变和适应不同的职业环境，还可以掌握适应职业的因素及应对策略。

（4）职业适应的策略

初入职场要保持积极的心态，主动适应环境，调整和把握自身的发展方向，才能更好地服务社会，这里提供四个职业适应的策略和具体实施方式，如表7-2所示。

表7-2 职业适应的策略和具体实施方式

适应策略	具体实施方式
立足新岗位树立新意识	适应新的工作，首先要树立新意识，即尽快完成对新角色的领悟、认知和实践；其次，树立独立意识，即工作中能够独当一面，主动参与职场的管理与决策、承担更多的社会责任和义务、爱岗敬业和恪尽职守；最后，需要树立协作意识，职场分工细化要求部门之间、团队之间、个人之间的相互协调与管理，要从整体利益出发，顾全大局
树立正确的职业观	正确的职业待遇观是通过自己的踏实劳动获得的相应报酬；积极的职业苦乐观是正确处理个人地位、待遇与乐于奉献的关系；客观的职业地位观是要客观地看待职业的社会地位并充分认识社会和自我；树立终身学习观，及时补充新知识、新技术和升级职业技能，才能适应快速发展的电竞行业，同时也能更自如地面对各种挑战和新情境
乐观面对职场困难	面对工作中的困难时，及时调整个人的工作态度和工作方式，积极乐观地解决并优化问题工作
保持工作激情	应该加深个人对行业的理解，始终保持积极的工作态度，才能更有动力克服在工作中遇到的各种不公平

（5）培养职业适应能力

当从业者进入新的职业活动中，或者专业类型发生变化时，从业者要在新的职业环境中进行积极有效的调整，并在工作中主动地展示和提升自我。

一般情况下，从业者主要依靠行业协会、企业、教育机构以及从业人员培养职业适应能力。目前，国内培养电竞从业人员职业适应能力的形式，包括职业联盟、电竞企业、电竞教育机构以及电竞从业人员四种。

① 职业联盟

职业联盟主要通过为职业选手提供职业生涯规划培训课程的方式，帮助职业选手适应职业生涯中的不良心理与行为表现，最终提高职业选手的职业适应能力。此外，职业联盟发布的行业资讯也有助于电竞从业人员或有意从事电竞行业的人员提高对电竞行业的理解，以减少或避免电竞从业人员在工作中的不良反应。

② 电竞企业

目前，电竞企业（如电竞俱乐部、电竞赛事执行公司和电竞赛事传播平台等）主要通过入职培训和前辈咨询等方式提高电竞从业人员的职业适应能力。

为了让电竞从业人员在职业发展的不同阶段都能适应实际的工作环境与保持良好的工作效率，电竞企业应定期开展职业培训课程，帮助电竞从业人员面对职业发展不同阶段的困难与挑战，进一步保障电竞从业人员的职业发展以及电竞企业的可持续发展。

③ 电竞教育机构

电竞教育机构可以对课程设置进行优化，通过基础专业理论与实际工作环境相结合的课程帮助学员及时了解电竞行业的真实工作状况。同时，电竞教育机构可以在原有的主要课程外增加帮助电竞从业人员提高职业适应能力的心理课程。

④ 电竞从业人员

电竞从业人员为提高个人的职业适应能力，应当发挥个人的积极性和主动性，及时了解电竞行业的资讯，客观而理性地评价个人的条件与能力，制定科学可行的职业生涯规划，以减少进入实际工作环境之后的不适应情况。

积极培养自身的行业素养，并对电竞行业的岗位拥有较高认知度，根据自身因素和环境因素的要求，尽可能地提高自己的职业适应能力，可以帮助自身完成合理的职业规划。

7.6.5 电竞专业就业分析

电子竞技行业横跨体育、互联网和文化娱乐三个产业，要想成为优秀的从业者需要综合运用各个行业的专业知识。如今电竞行业蒸蒸日上，层出不穷的电竞项目和各种电竞赛事的举办，为电竞行业的广阔就业前景打下了坚实的基础。

2021年人社部发布的报告显示，未来五年我国电子竞技专业的人才缺口将高达350万。拥有巨大人才缺口的行业，对于电竞专业的学生和从业者来说，是提供光明前景、多种职位和易就业的领域。

我国是世界上最具潜力的电子竞技市场，但是目前只有不到15%的电子竞技岗位处于人力饱和状态，剩余85%的电子竞技岗位则处于人力缺失状态，如此大的人才缺失使得电子竞技行业拥有较高的就业率。图7-9所示为2019年电竞相关岗位需求占比。

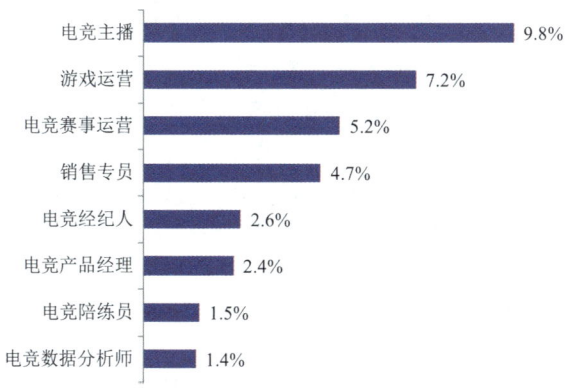

图7-9　2019年电竞相关岗位需求占比

随着电子竞技行业人才缺口的不断加大，电竞行业的普遍薪资也水涨船高。因为巨大的人才缺口，形成了电竞行业"高就业率＋高薪资"的现状。图7-10所示为招聘网站中部分电竞从业者的职位和薪资数据。

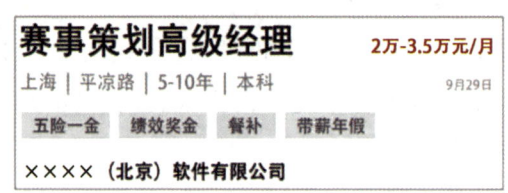

图7-10　部分电竞从业者的职位和薪资数据

> **知识链接**
>
> ### 电子竞技员就业人群分析
>
> 　　现阶段，我国正在运营的电子竞技战队多达5 000余家，电子竞技职业选手约10万人，大量半职业和业余电子竞技选手活跃在各种中、小规模电子竞技赛事的赛场上。同时，还有大量电子竞技员在各个电竞俱乐部和电竞陪练平台从事电子竞技教练、电竞数据分析以及电竞项目陪练等相关工作。
>
> 　　当前电子竞技员的整体从业规模超过50万人，北京、上海、西安、广州、成都和重庆等地为从业人员高密度聚集区。而山东、浙江、安徽、湖南和辽宁等地的电竞小镇建设也带动了周边省、市电竞行业的就业发展。电子竞技员从业人员具有以下特征。
>
> 　　（1）年龄偏小：电子竞技员就业人群年龄普遍偏低，在被调查者中有80％的从业人员年龄在30岁以下。

(2) 从业年限较短：电竞从业者的工作年限都相对较短，这与整个电竞行业发展周期较短有必然联系。

(3) 学历不高：因为年龄限制，电子竞技员学历相对要求不高，基本集中在大专和中专学历。

(4) 小/微型企业：电子竞技员所在企业以小/微型公司为主，这与当前就业企业以电子竞技俱乐部为主相关联。

(5) 高薪资：86%的电子竞技员薪资是当地平均工资1～3倍，电子竞技员薪资普遍高于当地平均薪资。

每个对电子竞技行业感兴趣的学生，都憧憬着可以成为电子竞技员，但是电子竞技员和一般电竞从业人员相比较，必须拥有够高的专业技术能力。因此，毕业生应该根据自身条件和行业职业需求，再配合一定的兴趣爱好，选择对自身发展最具优势的电子竞技职位。

随着更多优秀电子竞技产品加入市场、行业生态链以及电竞教育的逐步完善，电子竞技项目将释出更多的就业空间，能让更多的电子竞技专业人才有的放矢，最终达到电竞教育与电竞人才的供需平衡。

7.7 电子竞技相关政策

随着电子竞技市场的迅速扩张，不仅国内的电子竞技赛事发展迅猛，国际电子竞技赛事的发展也进入了白热化阶段。同时，电子竞技产业规模的扩大带动了电子竞技玩家和电子竞技观众数量的大幅提升。近年来，电子竞技产业呈现爆发式的增长趋势。图7-11所示为2016—2020年我国电子竞技市场实际销售规模统计。

目前，我国已成为全球首个开展电子竞技主客场的国家，也是全球电子竞技产业最受关注的地区之一。国家给予电子竞技产业的高度重视，包括文化和旅游部、国家体育总局以及教育部在内的相关部门相继

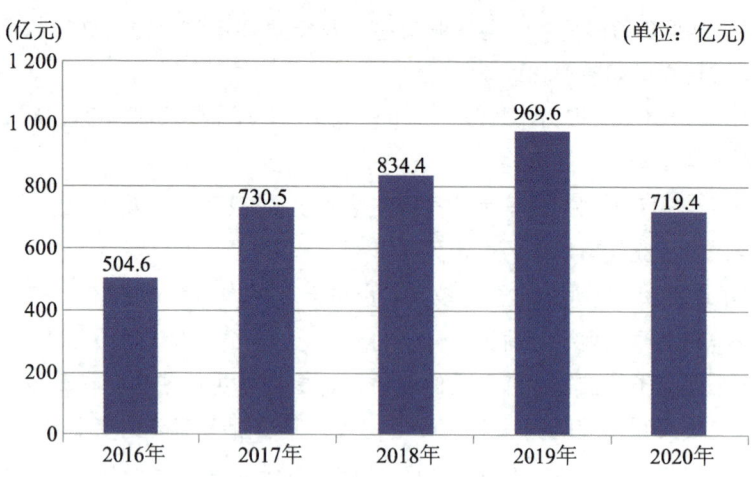

图 7-11 2016—2020 年我国电子竞技市场实际销售规模统计

出台了电子竞技产业的相关政策,为电子竞技行业的发展提供规范性引导,促使电子竞技产业蓬勃发展。

7.7.1 国际组织的相关政策

随着信息技术的发展和社会大众对娱乐性项目需求的提高,电子竞技产业在国际上的市场规模和发展潜力都十分可观。

同时,相关的国际组织纷纷出台了有利政策,为电子竞技的发展提供了重要支撑,促使越来越多的电子竞技选手和职业战队相继涌现,电子竞技产业链不断完善,整个电子竞技行业向职业化和国际化方向发展。表 7-3 所示为国际组织对电子竞技行业意义重大的政策汇总。

表 7-3 国际组织对电子竞技行业意义重大的政策汇总

时间	颁布部门	主要内容
2006 年 4 月 3 日	亚洲奥林匹克组委会	2007 年举办的第二届亚洲室内运动会将包含电子竞技运动项目
2017 年 4 月 17 日	亚洲奥林匹克理事会	电子竞技将加入 2017 年阿什哈巴德室内武道运动会、2018 年雅加达亚洲运动会以及 2022 年杭州亚洲运动会

(续表)

时间	颁布部门	主要内容
2017年10月31日	国际奥林匹克委员会	认证电子竞技运动为正式体育项目,电子竞技运动纳入奥运会比赛项目
2019年12月16日	国际电子竞技联合会	推动电子竞技与体育的多领域交流与融合,促进电子竞技在国际体育官方组织更大程度的认同

7.7.2 国家层面的相关政策

电子竞技行业兼具娱乐属性和媒体属性,因此受政策的影响较大。早期的电子竞技受限于政策管制,发展程度有限。

随着行业的迅速发展,国家逐渐给予了良好的政策支持,表现为相关部门陆续出台了各项政策助力我国电子竞技行业的快速发展。表7-4所示为国内对电子竞技行业意义重大的政策汇总。

表7-4 国内对电子竞技行业意义重大的政策汇总

时间	颁布部门	主要内容
2003年11月18日	国家体育总局	电子竞技列为第99个正式体育竞赛项目
2004年4月12日	国家广播电视总局	《关于禁止播出计算机网络游戏类节目的通知》,各级电视台电子竞技节目全部停播
2006年9月27日	中华全国体育总会	颁布《全国电子竞技竞赛管理办法》
2008年	国家体育总局	电子竞技运动列为第78号体育运动项目
2016年4月15日	国家发展和改革委员会	在做好知识产权保护和对青少年引导的前提下,以企业为主体,举办全国性或国际性电子竞技游戏游艺赛事活动
2016年7月13日	国家体育总局	发布的《体育产业发展"十三五"规划》指出"以冰雪、山地户外、水上、汽摩航空、电子竞技等运动项目为重点,引导具有消费引领性的健身休闲项目发展"

（续表）

时间	颁布部门	主要内容
2016年10月14日	国务院常务会议	会议指出"要出台加快发展健身休闲产业指导意见，因地制宜发展冰雪、山地水上、汽摩、航空等户外运动和电子竞技等"运动项目，引导具有消费引领性的健身休闲项目发展
2017年4月19日	原文化部	发布了《文化部"十三五"时期文化产业发展规划》，提出推进游戏产业结构升级，推动网络游戏、电子游戏等游戏门类协调发展，促进移动游戏、电子竞技、游戏直播和虚拟现实游戏等新业态发展
2017年8月	国家体育总局	发布《体育总局办公厅关于公布第一批运动休闲特色小镇试点项目名单的通知》中，全国96个特色小镇上榜，太仓市天镜湖电子竞技小镇也位列其中
2019年4月	人力资源和社会保障部、原国家市场监督管理总局和国家统计局	发布13个新职业，其中包含电子竞技运营师和电子竞技员
2019年4月	国家统计局	公布的最新《体育产业统计分类（2019）》，电子竞技被列入02大类体育竞技表演活动
2020年8月	全国电子竞技联席会议成立	会上宣布设立"全国电子竞技产业发展基金"，筹备组建全国电子竞技协会联盟、全国电子竞技俱乐部联盟和全国电子竞技厂商供应商联盟，构建中国电子竞技国家管理体系，全权负责对接国际电子竞技联合会等国际组织相关工作

7.7.3 地方政府的相关政策

国家级政策的扶持是电子竞技产业发展壮大的基础，同时随着电子竞技国际影响力的提升，地方政府的相关政策也在不断加强和完善。

各地方政府为了鼓励电子竞技行业发展，推动文化进步，拉动经济增长，出台了一系列的扶持政策或指导发展意见，表7-5所示为中国部分城市颁布的电子竞技相关政策。

表 7-5　中国部分城市颁布的电子竞技相关政策

时间	发布单位	文件名称
2018 年 4 月	杭州市下城区人民政府	《杭州市下城区人民政府关于打造电竞数娱小镇促进产业集聚发展的实施意见（试行）》
2018 年 6 月	中共北京市委 北京市人民政府	《关于推进文化创意产业创新发展的意见》
2018 年 8 月	西安	《西安曲江新区关于支持电竞游戏产业发展的若干政策》
2018 年 11 月	四川省电子竞技运动协会	《四川省电子竞技运动员注册管理办法（修订版）》
2019 年 6 月	中共上海市委宣传部等	《关于促进上海电子竞技产业健康发展的若干意见》
2019 年 8 月	广州市委宣传部等	《广州市促进电竞产业发展三年行动方案（2019—2021 年）》
2019 年 12 月	北京市推进全国文化中心建设领导小组	《关于推动北京游戏产业健康发展的若干意见》
2020 年 3 月	西安曲江新区管理委员会	《西安曲江新区关于支持电竞游戏产业发展的若干政策（修订版）》
2020 年 11 月	广州市黄埔区人民政府	《广州市黄埔区、广州开发区、广州高新区促进电竞游戏产业发展若干措施》
2020 年 12 月	扬州市都江区人民政府	《关于促进江都区文化创意（电子竞技类）产业发展的暂行办法》

7.8　电子竞技相关法律法规

由于电子竞技具有特殊的体育属性，又是社会大众重要的精神娱乐方式，因此，需要从文化和体育等多角度分析电子竞技行业的法律法规。

7.8.1 文化产业相关法律法规

2005年4月，国务院出台的《关于非公有资本进入文化产业的若干决定》提出"鼓励和支持非公有资本进入以下领域：文艺表演团体、演出场所、博物馆和展览馆、互联网上网服务营业场所、艺术教育与培训、文化艺术中介、旅游文化服务、文化娱乐、艺术品经营、动漫和网络游戏、广告、电影电视剧制作发行、广播影视技术开发运用、电影院和电影院线、农村电影放映、书报刊分销、音像制品分销、包装装潢印刷品印刷等"。

由此可见，与电子竞技产业相关的"文化娱乐、动漫和网络游戏"领域受到国家的鼓励与支持。

7.8.2 体育产业相关法律法规

2016年4月15日，国家发改委等部门发布《关于印发促进消费带动转型升级行动方案的通知》。通知中第27项明确指出"在做好知识产权保护和对青少年引导的前提下，以企业为主体，举办全国性或国际性电子竞技游戏游艺赛事活动"，极大提高了电子竞技赛事的合法性。

2016年9月6日，教育部公布《普通高等学校高等职业教育（专科）专业目录》，该目录增补了13个专业，其中包括"电子竞技运动与管理"，如图7-12所示。该专业属于体育类，适用于高等职业学校，并且有资质的学校可以从2017年开始正式招生。

7.8.3 电子竞技产业相关法律法规

2006年，中华全国体育总会颁布实施的《电子竞技运动项目规章制度》（以下简称"电子竞技规章制度"）包括5项管理内容：《全国电子竞技竞赛管理办法》（试行）、《全国电子竞技裁判员管理办法》（试行）、《全国电子竞技运动员注册与交流管理办法》（试行）、《全国电子竞技运动员积分制度实施办法》（试行）和《全国电子竞技竞赛规则》。

序号	专业大类	专业类	专业代码	专业名称
1	51 农林牧渔大类	5101 农业类	510120	食用菌生产与加工
2	52 资源环境与安全大类	5201 资源勘查类	520107	权籍信息化管理
3	53 能源动力与材料大类	5301 电力技术类	530113	机场电工技术
4	58 轻工纺织大类	5801 轻化工类	580112	珠宝首饰技术与管理
5	59 食品药品与粮食大类	5903 食品药品管理类	590305	食品药品监督管理
6	61 电子信息大类	6102 计算机类	610215	大数据技术与应用
7	62 医药卫生大类	6208 健康管理与促进类	620812	医疗器械经营与管理
8	63 财经商贸大类	6306 工商管理类	630607	中小企业创业与经营
9	63 财经商贸大类	6308 电子商务类	630804	商务数据分析与应用
10	65 文化艺术大类	6502 表演艺术类	650220	音乐传播
11	67 教育与体育大类	6704 体育类	670411	电子竞技运动与管理
12	69 公共管理与服务大类	6902 公共管理类	690209	公益慈善事业管理
13	69 公共管理与服务大类	6903 公共服务类	690306	幼儿园发展与健康管理

图 7-12 《普通高等学校高等职业教育（专科）专业目录》(2016)

目前，电子竞技行业虽然发展迅速，但针对该行业的法律法规尚不健全、职业选手薪资差距大和赛事版权保护不力等问题依然存在。因此，国家将逐步建立完善的法律体系，为电子竞技产业的发展提供法律保护。

7.9 模块小结

本模块主要为读者介绍电子竞技发展趋势的相关知识，包括电子竞技专业化、电子竞技娱乐化、电子竞技移动化、电子竞技全民化、VR 电子竞技、电子竞技教育、电子竞技相关政策和电子竞技相关法律法规等内容。通过学习本模块的知识点，读者可以对电子竞技未来的发展趋势有所了解，并对整个电子竞技行业有清晰和完整的认知。

7.10 拓展阅读

"耀宇公司诉斗鱼平台网络直播侵权"案,是全国首例电竞游戏赛事直播纠纷案,2017年1月被《人民法院报》评为"2016年度人民法院十大民事行政案件"之一。

案情介绍

2015年年初,首届《DOTA 2》亚洲邀请赛在上海举行,比赛汇集了全球最顶尖的《DOTA 2》竞技战队。此次比赛由上海耀宇文化传媒股份有限公司(以下简称"耀宇公司")投入巨资向完美世界获得授权承办,并获得独家视频转播权。通过旗下游戏直播网站"火猫TV"进行全程、实时视频直播。

《DOTA 2》亚洲邀请赛开赛不久,耀宇公司发现业内主要竞争对手广州斗鱼网络科技有限公司(以下简称"斗鱼公司")未经授权通过其经营的"斗鱼TV"网站盗播《DOTA 2》亚洲邀请赛,并散播其拥有赛事版权等不实消息。耀宇公司曾多次发函要求斗鱼公司立即停止侵权,但斗鱼公司仍我行我素,恣意盗播。

最终,该案经过上海浦东新区人民法院、上海知识产权法院的审理,认定斗鱼公司具有主观恶意,在未经授权的情况下,直播《DOTA 2》亚洲邀请赛,并在直播时在"斗鱼TV"网页上标注"火猫TV"等权利人的标识,构成不正当竞争,因此判决斗鱼公司赔偿耀宇公司经济损失100万元,合理费用10万元,并判决刊发声明消除影响。

法律分析

虽然目前我国对于体育赛事转播权还未有明确的法律规定,但就本案来说,法院通过借鉴国际体育比赛的商业惯例,确认了转播权具有商业属性,对于电子竞争比赛的组织者或网络直播平台而言,可由此获得一定的商业利益。同时,法院根据《反不正当竞争法》第二条的原则性条款,依据法学理论作出的判决,可以非常有效地遏制当下互联网企业盗播电子竞争体育赛事直播的行为，同时也可以确立赛事组织者权利的保护标准，进一步规范并建立有序的电子竞争体育赛事互联网竞争市场。

本案是国内首例判决的电子竞技比赛不正当竞争纠纷案件，无疑为国内火热的电子竞技网络直播产业敲响了警钟，只有在商业运营中充分尊重知识产权、公平竞争，行业才能长期健康有序发展。

7.11 测试题

单选题

1. 2016 年，电子竞技运动与管理被正式认证为高职类专业。因此，从（　　）电子竞技高职教育在国内得到了稳定发展。

    A. 2015 年　　　　　　　　　　B. 2016 年
    C. 2017 年　　　　　　　　　　D. 2018 年

2. 下列选项中（　　）不是电子竞技全民化的表现方式。

    A. 广泛地传播电子竞技文化　　B. 佩戴 VR 设备观看电子竞技比赛
    C. 电子竞技用户量持续增加　　D. 出现电视转播电子竞技赛事

3. 下列选项中对于 VR 电子竞技的描述，说法错误的是（　　）。

    A. VR 电子竞技国际大赛是目前最专业、国际化和顶级的 VR 电子竞技大赛
    B. 由于 VR 设备价格过高，多数玩家无法承担高额的设备费，使得短期内无法广泛普及 VR 电子竞技
    C. 需要构建以"VR + 泛娱乐"为核心的创新经营模式，促使 VR 电子竞技得以发展
    D. VR 电子竞技已经进入了高速发展期

4. 下列选项中（　　）不属于移动电子竞技的发展策略。

    A. 提升产品质量，完善游戏设备

B. 发展"移动电竞＋VR 电竞"双向互赢局面

C. 构建移动电竞生态圈

D. 完善移动电竞产业链

5. （　　）标志着电子竞技职业化迈上新台阶。

A. 电竞职业选手从注册制管理到拥有明确职位

B. 人社部发布的 13 个新职业中包含电子竞技师

C. 2003 年，国家体育总局承认电子竞技作为正式体育项目

D. 电子运营师职业的普及

实操题

根据本章所学的适用于电子竞技产业的相关政策，填写"电子竞技国际、国内政策表"，表格制作参考表 7-6。

表 7-6　电子竞技国际、国内政策表

国际组织政策		
时间	颁布部门	主要内容
国家层面政策		

参考答案：

单选题：CBDBA

参考文献

[1] 孙博文. 电子竞技赛事与运营 [M]. 北京：清华大学出版社. 2019.

[2] BBKinG. 中国电竞幕后史 [M]. 武汉：长江文艺出版社，2015.

[3] 张轩，张大鹏. 电子竞技史 [M]. 北京：电子工业出版社，2019.

[4] 段宁，郑志强. 中国电子竞技体育产业面临的问题及对策 [J]. 北京体育大学学报，2006 (12)：1637-1638，1641.

[5] 杨倩，刘兵. 上海市高校电子竞技运动赛事开展现状及建议 [J]. 上海体育学院学报，2007 (3)：74-76，90.

[6] 杨敬研，李颖卓，张贵林，等. 电子竞技校园产业化发展方向的探索 [J]. 文体用品与科技，2013 (2)：32.

[7] 陈德军. 电子竞技运动对青少年培养的探析 [J]. 常州工学院学报，2013 (3)：82-85.

[8] 杨越. 新时代电子竞技和电子竞技产业研究 [J]. 体育科学，2018，38 (4)：9-22.

[9] 李凡凡. 我国电子竞技运动发展现状和对策研究 [D]. 济南：山东大学，2014.

[10] 杨西玥. 我国职业电子竞技选手生涯规划探究 [D]. 长沙：湖南大学，2012.